아이디어
요리하는
아이디어

* 이 책은 2015 한국출판문화산업진흥원 우수출판 콘텐츠 제작지원사업 선정작입니다.
* 사진 촬영을 진행해주신 바라봄사진관 나종민 대표, 중앙일보 시사미디어 오상민 기자께 감사드립니다.

아이디어 요리하는 아이디어

초판 1쇄 인쇄 2015년 12월 30일
초판 1쇄 발행 2016년 1월 8일

지은이 박종하

펴낸이 김찬희
펴낸곳 끌리는책

출판등록 신고번호 제 25100-2011-000073호
주소 서울시 구로구 경인로 55 206호(오류동 109-1 재도빌딩)
전화 영업부 (02)335-6936 **편집부** (02)2060-5821 **팩스** (02)335-0550
이메일 happybookpub@gmail.com

ISBN 979-11-87059-00-4 13320
값 17,000원

'어?' 아이디어를 '아!' 아이디어로 요리하는 101가지 레시피

아이디어
요리하는
아이디어

박종하 지음

끌리는책

아이디어는 요리다!

아이디어의 가장 효과적인 은유는 요리다. 익숙하지 않고 잘 모르는 것을 잘 아는 것에 빗대어 이해하는 것이 은유법이다. 그래서 아이디어를 어떻게 만들어야 할지 고민된다면 요리를 생각하면 효과적이다. 요리를 하듯이 아이디어를 만들어보는 것이다. 사실 우리나라 사람들은 요리를 창조와 매우 비슷한 단어로 사용한다. 재료를 놓고 "이것을 어떻게 요리하지?"라고 말하는 사람의 마음속에는 "어떤 것을 창조할까?" 하는 의미가 있는 것이다.

아이디어가 필요할 때는 요리를 떠올리며 영감을 얻어보자. 생선이 있으면 프라이팬에 약간의 기름을 부어 생선을 튀겨 먹을 수도 있고, 약간의 물에 무를 함께 넣어 조림을 할 수도 있다. 생선을 냄비에 넣고 물을 많이 넣은 후에 고춧가루와 몇 가지 재료를 섞어서 탕으로 만들 수도 있다. 또는 고춧가루를 풀지 않고 맑은 탕을 만들 수도 있다. 이처럼 우리는 재료에 무엇을 더하거나 또는 재료를 다른 방법으로 변형시켜 다양하게 요리할 수 있다. 아이디어도 마찬가지다. 지금 고민하고 있는 이슈나 문제를 생선이라고 생각해보라. 생선을 자를 수도 있고,

그것에 튀김가루를 묻힐 수도 있다. 생선을 석쇠에 구울 수도 있고, 싱싱하다면 회를 떠서 먹을 수도 있다. 유명한 요리사들은 하나의 재료를 가지고 다양한 요리를 창조한다. 같은 재료를 전혀 다른 방법으로 사용하여 상상 이상의 맛을 내기도 한다. 어떤 요리사는 와인을 독특한 맛과 향을 내는 소스로 이용하기도 하고, 와인으로 디저트 아이스크림을 만들기도 한다. 우리가 원하는 아이디어도 그렇게 만들어진다. 다양하고 독특한 아이디어를 만들어보자.

전문 요리사가 아닌 사람은 레시피를 보며 그대로 요리를 한다. 레시피를 따라 하며 때때로 자신의 방법을 추가하거나 또는 약간 변형하여 새로운 레시피를 만들기도 한다. 이 책에서는 요리하는 방법을 알려주는 레시피처럼, 아이디어를 요리하는 레시피를 101가지 소개한다. 101가지 레시피를 따라 하며 아이디어를 만들어보고, 때로는 아이디어를 만드는 자신만의 레시피를 만들어보라.

이 책에서 소개하는 101가지 레시피에는 다양한 아이디어의 실제 사례들이 들어 있다. 다양한 사례들을 자신의 상황에 적용하여 새로운 아이디어를 만들어보자. 사실 아이디어를 만드는 가장 좋은 방법은 누군가 다른 곳에서 만들었던 아이디어를 자신의 상황에 맞게 약간 변형하는 것이다. 프레젠테이션 파일을 만들 때, 우리는 다른 사람들이 만들어놓은 프레젠테이션 파일을 보면서 자신에게 필요한 내용을 추가한다. 아이디어도 마찬가지다. 다른 사람의 아이디어를 자신의 상황에 적용할 때, 독특한 아이디어가 만들어진다. 이와 관련해서 미시간 대학교의 메리 지크(Mary Gick)와 키스 홀리오크(Keith Holyoak)의 인지심리학 실험 하나를 소개한다. 먼저 다음의 질문을 보자.

위장에 큰 종양이 생긴 환자가 있다. 병원에서는 방사선을 이용하여 종양을 제거한다. 그런데 이 환자의 종양은 매우 커서 한 번에 제거할 수 있는 양의 방사선을 쏘면 장기에 손상을 준다. 그래서 조금씩 몇 달에 걸쳐서 방사선을 쏘기로 했다. 하지만 그렇게 치료 기간이 길어지면 그사이에 종양이 다른 부위로 번질 수도 있는 상황이다. 이 문제를 어떻게 해결할 수 있을까?

심리학 실험에 참여한 사람들 중 이 질문에 대한 해법을 찾은 사람은 10퍼센트가 되지 않았다고 한다. 그런데 어떤 사람들에게는 질문과 전혀 상관 없어 보이는 어떤 전쟁에 관한 이야기를 먼저 들려주었다. 옛날 어느 성에서 벌어진 전투에 관한 이야기였다. 성에 쳐들어가기 위해 많은 군사가 모였지만, 성으로 가는 길은 매우 협소했다. 그래서 군사들은 기습적으로 성에 침투하기 위해 여러 방향에서 협공하여 성에 쳐들어갔다는 내용이다. 이 이야기는 병원의 방사선 치료와 전혀 상관이 없지만, 이 이야기를 들은 사람들의 75퍼센트는 앞의 문제에 올바른 해답을 제시했다.

종양을 치료하는 아이디어는 하나의 강한 방사선을 사용(그림 A)하는 대신에, 몇 개의 약한 방사선을 동시에 다른 방향으로부터 쏘는 것이다 (그림 B). 이런 방식으로 방사선을 쏘면 건강한 세포에 해를 주지 않는다. 하지만 방사선이 한 점으로 모이는 종양 부위에서는 강한 방사선의 효과를 얻을 수 있다.

그림 A   그림 B

이렇게 아이디어는 다른 곳에서 힌트를 얻는 경우가 많다. 이 책에서 101가지 레시피와 다양한 아이디어의 사례들을 소개하는 이유는 그것을 디딤돌 삼아 자신에게 필요한 아이디어를 만드는 데 도움을 주기 위해서다. 구텐베르크는 포도축제에 갔다가 포도즙 짜는 기계를 보고 자신이 고민하던 인쇄기의 결정적인 아이디어를 얻었다. 헨리 포드는 돼지 도축장 시스템을 보고 그것을 자동차 생산 공정에 연결시켜 컨베이어벨트 시스템을 만들었다. 101가지 레시피와 다양한 아이디어들의 사례를 활용하여 자신이 지금 고민하는 문제의 아이디어를 만들어보자.

101가지 레시피 활용하기

101가지 레시피를 1번부터 순서대로 적용할 필요는 없다. 따라서 이 책도 순서대로 읽지 않아도 된다. 마음에 드는 부분, 손에 잡히는 부분을 열어서 읽으면 된다. 한 가지 권하고 싶은 것은 레시피를 읽고 아이디어 사례들을 접한 후에 자신의 상황에 적용하려는 노력을 해보라는 것이다. 바로 적용되지 않아도 약간의 변형이나 같은 맥락으로 생각을 전개했을 때, 뜻밖의 아이디어를 얻는 경험을 하게 된다.

이 책에서 소개하는 101가지 레시피는 순서의 연관성 없이 배치했다. 하지만 101가지 레시피를 사람, 소스, 실험, 숙성, 자극, 상황, 철학이라는 일곱 가지 영역으로 나누어볼 수는 있다. 아이디어를 만드는 방법을 체계적으로 배우고 싶은 사람은 다음과 같이 일곱 가지 영역의 분류를 참조하면 도움이 될 것이다.

· 사람

고민하는 요리를 가장 쉽게 하는 방법은 다른 사람에게 요리 방법을 물어보는 것이다. 새로운 아이디어를 만드는 것도 마찬가지다. 아이디어는 사람을 통해 온다. 내가 모르는 문제를 해결하는 가장 효과적인 방법은 그 문제의 해답을 아는 사람에게 물어보는 것이다. 누군가에게 내가 고민하고 있는 이슈나 문제에 대해 이야기해보자. 물론 그렇다고 그 사람이 새로운 아이디어를 '딱' 주는 것은 아니다. 하지만 직접적인 해답은 아니더라도 다른 사람의 생각이나 말을 들었을 때, 그것이 내 문제를 해결하는 아이디어의 힌트가 되는 경우가 많다. 아이디어는 사람을 통해서 오는 것이므로 다양한 사람들과 자주 이야기를 주고받을 때 더 풍부하고 더 많은 아이디어를 얻게 된다.

∙ 소스

신선한 음식은 신선한 재료로 만들어지고, 독특한 음식은 독특한 재료로 만들어진다. 새로운 요리 방법을 많이 접한 사람일수록 다양하고 새로운 요리 방법을 생각하게 된다. 아이디어도 마찬가지다. 새롭고 신선한 아이디어를 만들기 위해서는 기본적으로 정보와 소스(source)가 많아야 한다. 다양하고 풍부한 아이디어의 소스가 연결되고 결합하면 새롭고 탁월한 아이디어가 나온다. 그래서 더 많은 정보를 얻고 더 많은 경험을 하는 것이 중요하다.

∙ 실험

요리를 하다 보면 같은 재료를 튀기기도 하고 조리기도 하고, 때로는 삶기도 한다. 어떤 때에는 전혀 연관이 없어 보이는 재료를 같이 섞어서 새롭고 독특한 맛을 내기도 한다. 아이디어도 같은 방법으로 만들어진다. 아이디어 발상의 기술이란 다양한 사고실험을 하는 것이다. 대상을 뒤집어보기도 하고, 다른 것과 연결시켜보기도 하고, 어떤 요소를 빼거나 다른 것으로 바꿔보기도 한다. 이런 사고실험을 통해서 아이디어가 만들어진다. 자신에게 필요한 독특하고 탁월한 아이디어를 위해 다양한 사고실험을 해보자.

· 숙성

음식의 깊은 맛을 내려면 숙성하는 시간이 필요하다. 숙성은 맛이 배어들고 영양이 배가되는 시간이다. 탁월한 아이디어를 위해서도 숙성의 시간이 필요하다. 우리의 생각은 의식과 무의식을 왔다 갔다 한다. 그래서 문제에 집중하고 골몰할 때는 특별한 아이디어가 떠오르지 않던 것이 어느 날 산책을 하다가 '유레카'와 같이 떠오르기도 한다. 아이디어와 바이러스는 잠복기를 거친다는 점에서 닮았다. 충분히 숙성시킨 아이디어는 그만큼 탁월한 맛과 향기를 낸다. 조급한 마음으로 아이디어를 보채기보다는 성숙한 마음으로 아이디어를 숙성시키며 더 좋은 아이디어를 만들어보자.

· 자극

음식점에서는 일반 가정에 없는 센 불로 음식을 짧은 시간에 요리한다. 때로는 평범한 재료에 향신료를 첨가하여 맛과 향을 자극하기도 한다. 자극이란 일상적인 모습을 새롭게 바꾸는 강력한 도구가 된다. 아이디어를 만들 때에도 자극이 효과적으로 쓰인다. 일상적인 상황에서 벗어나는 생각의 자극을 통해 새로운 아이디어를 만들어보자. 사람의 생각은 일정한 틀을 형성한다. 고정된 생각의 틀을 벗어나는 가장 효과적인 방법은 역발상과 같은 새로운 자극을 주는 것이다. 생각의 자극을 활용하여 독특한 아이디어를 만들어보자.

• 상황

우리가 하는 요리는 전문 요리사들이 하는 것과 다르다. 우리가 집에서 할 수 있는 요리는 재료나 장비에서도 전문 요리사의 조건과 다를 수밖에 없다. 가끔 캠핑을 가면 집에서와는 다른 조건에서 요리를 해야 한다. 그래서 상황에 맞는 적절한 방법을 찾아야 한다. 아이디어를 만들어야 하는 우리의 상황도 마찬가지다. 상황이나 조건에 따라 적절한 아이디어를 만드는 것이 중요하다. 창의적인 아이디어란 새롭고 적절한 것이어야 한다. 새롭다는 것보다 더 중요한 것은 적절해야 한다는 것이다. 상황에 가장 현명하게 적응하는 것이 탁월한 아이디어를 만드는 비결이다.

• 철학

기술적인 것보다 더 중요한 것은 그 사람의 철학이다. 요리에서도 얄팍한 맛보다는 깊은 맛, 때로는 건강을 생각하는 철학이 필요하다. 우리의 일도 마찬가지다. 자신이 중요하게 생각하는 가치를 담아서 자신의 철학으로 고민하는 문제나 이슈에 접근할 때, 진짜 아이디어를 얻게 된다. 짧게 보고 단기적인 눈속임 같은 것에 현혹되지 말고, 자기만의 철학을 갖자. 자신이 중요하게 생각하는 가치를 기억하자. 그리고 용기를 가지고 자신의 철학을 담은 아이디어를 만들어가자.

이 책에서 제시하는 아이디어를 만드는 101가지 레시피를 일곱 가지 영역으로 나누면 다음과 같다.

101가지 아이디어를 요리하기 전에 **11**

2장 | 아이디어 요리하기 – 점심 레시피

3장 | **아이디어 요리하기 - 저녁 레시피**

4장 | 아이디어 요리하기 - 스페셜 레시피

1장

아이디어 요리하기

- 아침 레시피

최대의 성취는 최초에는 아이디어였다. 참나무는 도토리에서 나온 것이다.
새는 알에서 나온 것이다. 꿈은 실체의 씨앗이다.
－제임스 알렌(James Allen)

내 생각과 다른 사람의 생각을 연결해보자

중국 송나라 유학자 구양수는 삼상지학(三上之學)이라고 했다. 삼상이란 마상(馬上), 침상(枕上), 측상(厠上)인데, 말 위에서도, 잠잘 때 머리맡에서도, 심지어 화장실에 앉아 있을 때도 공부를 하라는 말이다. 이와 비슷하게 경영 컨설턴트들은 아이디어가 만들어지는 장소로 3B(bath·bed·bus)의 법칙을 말한다. 욕실(bath), 침대(bed), 버스(bus)에서 아이디어가 잘 떠오른다는 것이다.

기발한 아이디어가 '아하!' 하고 떠오르는 순간을 3B의 법칙으로 표현했다. 혼자만의 시간을 가지고 사색할 때 자신이 알지 못하는 잠재되어 있던 아이디어가 어느 순간 스파크를 일으키며 튀어나온다는 것이다. 탁월한 아이디어에 대해 사람들은 '유레카'와 같은 번뜩이는 순간의 통찰로 자주 이야기한다. 하지만 현실에서 아이디어는 하늘에서 뚝 떨어지듯이 생기지 않는다. 그런 통찰은 혼자만의 시간을 가질 때만 생기는 것이 아니다. 다른 사람들과 이야기를 주고받을 때 생각들이 서로 연결되며 새로운 아이디어가 나온다.

좋은 아이디어는 어떻게 얻어지는 것일까? 이 질문에 대해서는 케빈 던바(Kevin Dunbar)의 실험을 들어볼 필요가 있다. 1990년대에 케빈 던바 맥길 대학교 교수는 4곳의 분자생물학연구소에 카메라를 설치하여 연구원들을 관찰했다. 우리는 과학자들이 실험실에서 혼자 현미경을 한참 들여다보다가 무엇인가 중요한 것을 발견한다고 생각한다.

그러나 던바 교수의 실험에 따르면 혁신적인 아이디어는 사람들과 커피를 마시며 최신 연구 결과에 대해 이야기를 나누는 모임에서 나온다는 것이다.

이것을 던바 교수는 탁월한 아이디어는 현미경이 아닌 회의 테이블에서 얻어진다고 표현했다. 멋진 아이디어는 다른 사람과 정보를 나누고 소통하며 나의 생각과 다른 사람들의 생각이 서로 연결될 때 가장 폭발적으로 만들어진다. 핵심은 '연결'이다. 서로 다른 생각들이 연결될 때 새롭고 탁월한 무엇인가가 탄생하게 된다. 지금 아이디어가 필요하다면 누군가와 그것에 대한 이야기를 나누어야 한다.

17세기 천재의 이미지는 로댕의 '생각하는 사람'이다. 그러나 그것은 과거 천재의 이미지다. 21세기에는 라파엘로의 그림 〈아테네 학당〉에 나오는 사람들처럼 토론이나 수다를 통해 여러 사람들의 생각이 뒤섞일 때 천재적인 아이디어가 만들어진다.

우리는 가끔 잘못된 천재의 이미지를 떠올린다. 고독하고 우울하게 또는 세상과 단절되어 자신만의 세계에 빠져 연구를 하거나 작품을 만드는 사람의 이미지 말이다. 또는 자신만의 고집으로 사업을 하는 괴팍한 사람의 이미지를 떠올린다. 이렇게 남들과 단절되어 자신만의 세상에서 깜짝 놀랄 만한 획기적인 연구나 작품을 만드는 천재의 모습을 떠올리는 것은 17~18세기의 천재들을 생각하기 때문이다. 세상이 연결되어 있지 않았고, 지식이 연결되어 있지 않았던 과거에는 그런 천재의 탄생이 가능했다.

그러나 우리는 21세기에 살고 있다. 21세기의 천재는 17~18세기 천재의 모습과 전혀 다르다. 지금은 혼자만의 아이디어로 또는 혼자만의 고집으로 획기적인 작품을 만들거나 연구를 진행할 수 없는 세상이다. 비즈니스에서는 더더욱 불가능하다. 나 혼자의 능력에는 한계가 있다. 더구나 나의 능력을 인정받기 위해서도 기본적으로 소통해야 한다.

노벨상 수상자들을 한번 검색해보라. 과거에 노벨상은 한 명이 받는 경우가 많았다. 그러나 최근 노벨 물리학상, 노벨 화학상은 공동 수상하는 경우가 많다. 혼자만의 연구로는 세계가 인정해주는 성과를 올릴 수 없다. 그래서 우리는 다른 사람과 소통하며 아이디어를 만들어야 한다.

Recipe 2

최신 뉴스에서
아이디어의 힌트를 얻어보자

아이디어를 얻는 가장 기본적인 방법은 남을 따라 하는 것이다. 다른 사람의 아이디어를 따라 할 수 있다면 그것만큼 쉬운 방법이 없다. 다른 사람의 아이디어는 나의 일에 영감을 주는 경우가 많다. 그래서 다른 사람들은 어떻게 성공 스토리를 만들고 있는지를 잘 살펴보는 것이 좋다. 특히 뉴스를 보면 내가 전혀 모르는 사람들의 성공 스토리를 들을 수 있다. '그것을 나의 일에 어떻게 적용할까?'를 고민하는 것이 바로 아이디어를 만드는 방법이다. 얼마 전 읽은 기사의 주요 내용이다.

늦가을 낙엽은 낭만의 상징이지만, 도심에서는 처리해야 할 쓰레기가 되고 만다. 그런데 낙엽을 소각하거나 매립하는 처리 비용은 일반

쓰레기보다 2배 이상 더 많은 돈이 든다고 한다. 지자체 입장에서는 부담이 되는 비용이다. 하지만 송파구는 자신들이 소각해야 할 낙엽이 어딘가에서 유용하게 사용될 수도 있다는 시각을 가졌다. 그리고 그들이 찾아낸 곳은 남이섬이었다. 2006년부터 송파구는 남이섬에 800톤의 낙엽을 공급하고 있다. 남이섬에 가면 '송파은행길'이 있다. 남이섬을 찾은 관광객은 눈밭에서 낭만을 즐기듯 눈처럼 쌓인 낙엽 속에서 낭만을 즐긴다. 이렇게 송파구청은 연간 1억 원이 넘는 낙엽 처리 비용을 절감하고 있다고 한다.

남이섬의 송파은행길과 비슷한 뉴스를 가끔 본다. 그럴 때면 "맞아, 지금 내가 비용으로 지출하고 있는 일도 오히려 돈을 벌면서 처리할 방법이 없을까?" 하는 고민을 하게 된다. 그런 생각이 아이디어의 출발이 된다.

이와 비슷한 사례가 또 있다. 충청북도 괴산군의 염전이다. 괴산군은 바다와 접해 있지 않은데도 염전이 있다고 한다. 괴산군의 특산품인 절임배추 때문에 생기는 염전이다. 괴산군의 농가는 절임배추를 공급하며 많은 수익을 올리고 있는데, 그 과정에서 수백 톤의 소금물이 하수로 버려지며 토양을 오염시키는 문제가 발생했다. 소금물이 땅에 스며들면 농사에 치명적인 것은 물론이고 수질에도 나쁜 영향을 미친다. 2009년 12월에 괴산군은 배추를 절이고 버려지는 소금물을 비용을 들여 처리하는 대신에 소금물로 염전을 만들었다. 이곳에서 나오는 소금은 산업용으로 쓰인다. 눈 내린 도로에 제설용으로 사용하는 것이다. 송파구청에서 비용을 들여 낙엽을 처리하지 않고 남이섬에 공급한 것처럼, 괴산군은 절임배추에서 나오는 소금물로 다시 소금을 생산하고 있는 것이다.

최신 뉴스에 항상 귀 기울여보자. 아이디어가 필요할 때, 여유를 갖고 뉴스를 보자. 다른 사람의 성공 스토리에서 나의 성공 스토리의 아이디어를 찾아보는 것이다. 가령 누군가 와인 냉장고를 만든다. 또 누구는 스시 냉장고를 만든다. 이렇게 특별한 냉장고를 보다 보면 자연스럽게 자신에게 어울리는 김치 냉장고를 떠올리게 된다. 지금 아이디어를 고민하고 있다면 뉴스에 귀 기울여보자.

스티브 잡스라면 어떻게 했을까 생각해보자

1985년 인텔에 위기가 찾아왔다. 메모리칩 시장의 경쟁 과다와 일본 기업과의 치열한 경쟁으로 인텔의 이익이 급격하게 떨어지기 시작한 것이다. 당시 인텔의 최고경영자였던 앤디 그로브와 고든 무어는 불안한 나날을 보내고 있었다. 두 사람은 어떻게 해서든 위기 상황을 극복해야 했다. 그들에게는 새로운 전략이 필요했다. 하루는 그로브가 무어에게 물었다.

"만일 우리가 해고되고 새로운 CEO가 온다면 그 사람은 무슨 일을 할까?"

그로브의 질문에 무어가 대답했다.

"메모리칩 사업에서 손을 떼고 비메모리칩 사업에 집중하겠지!"

그들은 서로를 바라보며 같은 것을 느꼈다. 그로브가 무어에게 말했다. "그럼 새로운 CEO가 오면 할 일을 우리가 하면 어떨까?"

그렇게 그들은 자신들의 비즈니스에 새로운 전략을 세웠다. 메모리 칩 사업에서 손을 떼고 마이크로프로세서를 탄생시켰다.

아이디어를 만드는 좋은 방법 중 하나는 특정한 사람을 떠올리며, "그 사람이라면 어떻게 했을까?" 하고 물어보는 것이다. "만약 ○○이 라면 어떻게 했을까?" 하고 물어보라. '○○' 자리에 구체적인 인물, 특히 개성이 강한 인물의 이름을 넣어보라. 방법은 간단하다. "만약 스티브 잡스라면 어떻게 했을까?" "만약 이순신 장군이라면 어떻게 했을까?" "만약 돌아가신 창업주라면?" 하고 질문해보는 것이다.

예를 들어 당신이 새로 팀장이 되었다고 해보자. 만약 백남준 선생이 당신의 팀장이 되었다면 그는 어떻게 할까? 예술을 하셨던 분이니까, 우리 팀원들이 사용하는 공간부터 색다르게 꾸미지 않을까? 시각적으로 색깔이 있는 팀을 만들었을 것이다. 전자기기를 예술에 활용했던 것처럼 팀 운영을 위한 특별한 시스템을 마련했을지도 모른다. 음악을 사랑하는 분이므로 사무실에는 항상 멋진 음악이 흐르게 했을지도 모른다. 이렇게 생각을 넓혀간다.

사람을 떠올리기도 하고, 때로는 기업을 떠올릴 수도 있다. ○○기업 이라면 어떻게 할까? 맥킨지의 보고서에 따르면 뛰어난 기업을 떠올리며 '그들이라면 이 일을 어떻게 할까?' 하는 질문을 하면 일할 때 더 창의적이고 혁신적인 아이디어를 만들어낸다고 한다. "구글이라면 이 문제를 어떻게 해결할까?" "삼성전자라면 이 문제를 어떻게 처리할까?" 이런 질문을 하는 것만으로도 새로운 아이디어를 만드는 데 도움이 된다는 것이다. 이런 질문을 해보자.

- 만약 애플이라면 우리 제품을 어떻게 디자인할까?
- 만약 구글이라면 매장을 어떻게 구성할까?
- 만약 삼성전자라면 우리 조직을 어떻게 운영할까?
- 만약 유니클로라면 우리의 신상품을 어떻게 마케팅할까?
- 만약 BMW라면 우리의 상황에서 어떤 새로운 사업기획을 할까?

다른 사람의 생각을 훔치라는 말을 가끔 듣는다. 현명한 사람의 생각을 훔친다기보다는 엿볼 수만 있어도 좋을 것이다. 그 사람의 생각을 엿보는 방법은 그 사람이 되어서 생각해보는 것이다. "빌 게이츠라면 이 상황에서 무엇을 했을까?" 하는 질문을 던져보자.

Recipe 4

단순하게
이것저것 연결해보자

아이디어를 만드는 가장 대표적인 방법은 'A+B'이다. 기존에 있던 A와 B를 단순하게 연결시키는 것이다. 특히 전혀 상관이 없는 A와 B를 연결 지어본다. 신발에 바퀴를 붙여본다. 그렇게 해서 태어난 것이 롤러블레이드다. 자동차에 집을 붙여보자. 그렇게 했더니 캠핑카가 되었다. 개인용 컴퓨터에 국가 전산망을 붙였더니 인터넷이 되었다. 이처럼 전혀 상관 없어 보이는 것을 연결해보는 것이 새로운 제품을 만드는 방법이다. 다음의 광고를 보자.

이 광고는 층간 소음을 주제로 한 공익광고다. 마네의 그림 〈피리 부
는 소년〉과 뭉크의 그림 〈절규〉를 단순하게 배치했다. 그 아래 "아름다
운 선율도 아래층 이웃에게는 때론 큰 고통이 될 수 있습니다"라는 카
피가 있다. 유머와 위트가 넘치는 이 광고는 많은 사람들의 인기를 끌
었다. 두 그림은 전혀 공통점이 없다. 하지만 이렇게 전혀 상관 없는 그
림을 단순하게 연결 지었더니, 메시지를 전달하는 광고가 만들어졌다.

새로운 아이디어는 이렇게 만들어진다. 나의 일에서도 전혀 상관이
없는 A와 B를 단순하게 연결 지어보자. 그런 시도가 새로운 아이디어
를 만든다.

테니스 피커(The Tennis Picker)라는 제품이 있다. 테니스를 치다 보면,
공을 줍기 위해 허리를 굽혔다 폈다를 반복하게 된다. 허리를 여러 번

When you play tennis, we usually bend over to pick up many balls.
'this action' is repeated and repeated, and you will be tired, sometimes feel backache.

반복적으로 숙이는 것은 매우 피곤한 일이다. 이것을 해결하기 위해 테니스 라켓에 벨크로(찍찍이)를 붙임으로써 허리를 굽히지 않고 라켓으로 공을 콕 찍어 올리는 제품이 만들어졌다.

소설가는 자신이 알고 있는 일화들을 단순하게 연결하여 새로운 이야기를 만들어낸다. 시인은 이런 느낌 저런 느낌을 단순하게 연결하여 심금을 울리는 시를 쓴다. 과학자도 자신이 알고 있는 이런 사실과 저런 이론을 연결시키며 새로운 이론과 현상에 대한 아이디어를 찾는다. 새로운 것을 만드는 대표적인 방법은 이것저것을 연결해보는 것이다.

단순하게 이어 붙인 'A+B'가 모두 획기적인 아이디어가 되는 것은 아니다. 하지만 많은 획기적인 아이디어들이 그렇게 출발한다. 토마토의 유전자와 물고기의 유전자를 조합하여 병충해에 강한 새로운 토마토를 만들어내는 세상이다. 인기 있는 과자 초코파이는 '초콜릿+빵+마시멜로'로 만들어졌다. 다양한 'A+B'를 시도하며 새로운 아이디어들을 만들어보자.

쓸모 없는 것
버려지는 것에 주목해보자

완도에 있는 작은 섬 노화도의 한 양식장에서는 미역과 다시마를 먹여 전복을 키운다. 그렇게 2~3년을 키운 후 시장에 출하한다. 요즘 떠오르는 효자 전복이 있다. 바로 꼬마 전복이다. 예전에는 크기가 너무 작아서 아깝지만 그냥 버려지던 전복이었다. 상품성이 떨어져서 팔 수 없는 이 꼬마 전복은 어민들의 밥 반찬이 되었다.

그런데 완도의 한 회사에서 이 꼬마 전복을 '라면 전복'이라는 상품으로 개발하면서 상황이 바뀌었다. 라면을 끓일 때 이 꼬마 전복을 넣는 것이다. 한 회사원이 자기 사업을 하고 싶어서 직장을 그만두고 고향 완도에 와서 만든 상품이 바로 라면 전복이다. 시작은 단순했을 것이다. 집에서 배가 출출할 때 라면을 끓여 먹었을 것이다. 그러다가 어느 날 조그만 꼬마 전복을 라면에 넣었을 것이다. 큰 전복보다 작은 꼬마 전복이 라면에 더 적당하다는 생각이 들었을 것이다. 소가족 시대에 싱글족이 늘어나는 상황에서 간단한 한 끼가 될 수도 있고, 영양 많은 간식이 될 수도 있겠다고 생각했을 것이다. 이렇게 해서 만들어진 라면 전복은 전국의 음식점에 공급되고 있다.

사람들이 현재 주목하는 것은 이미 널리 알려져서 상식이 되어 있다. 더 이상 독특한 것도 아니고 특별한 것도 아닐 가능성이 높다. 반대로 독특하고 남다른 것은 아직까지 사람들이 주목하지 않는 것이다. 그래서 사람들이 주목하는 것보다 주목받지 못하는 것, 환영받는 것보다 환영받지 못하는 것, 쓸모 없이 그냥 버려지는 것, 이런 것에 관심을 가질 필요가 있다. 거기에 새로운 아이디어가 있기 때문이다.

산업 폐기물을 재활용하여 명품으로 재탄생한 스위스의 프라이탁 (Freitag)이라는 가방을 소개한다. 폐차된 화물차의 방수 덮개를 재활용하여 만든 가방이다. 스위스는 비가 많이 오는데, 가방이 젖지 않게 하기 위해 방수포로 만든 것이 출발이었다. 프라이탁은 버려진 재료를 재활용하여 만들어지기 때문에 친환경적이다. 그리고 버려진 방수포가 제각각이기 때문에 프라이탁의 디자인은 똑같은 것이 하나도 없다. 가방이 만들어지는 과정은 전부 수작업으로 이루어진다. 마치 장인이 수작업으로 명품을 만드는 것과 같다. 그래서 독특함과 희소성이 높기 때문에 가격이 매우 비싸다. 비싼 가격에도 불구하고 환경을 생각하는 마음과 디자인의 희소성 그리고 장인의 수작업으로 만들어진다는 점 때문에 프라이탁은 많은 사람들에게 관심을 끌고 있다.

우리 주위에는 많은 것들이 그냥 버려지고 있다. 눈에 보이는 것만이 아니라 눈에 보이지 않는 것도 많다. 사람들이 무심코 지나치는 것에 관심을 가져보자. 독특한 아이디어는 그렇게 눈에 잘 띄지 않는 것에서 만들어진다.

다른 영역의 것을
모방해보자

"우리는 위대한 아이디어를 훔치는 것을 부끄러워한 적이 없습
니다."

세계 최고의 혁신 기업가로 꼽히는 스티브 잡스 전 애플 최고경영자
가 생전에 미국 PBS 방송 다큐멘터리 〈괴짜들의 승리〉에 출연했을 때
한 말이다. 아이디어를 훔쳤다는 말은 기존 아이디어를 모방했다는 것
을 의미한다. 스티브 잡스는 새로운 아이디어를 만드는 가장 좋은 방법
이 모방이라고 말했으며, 실제로 다른 회사의 좋은 것들을 적극적으로
모방하려 했다고 한다.

표절은 범죄다. 다른 사람의 지적재산권을 침해하는 일은 결코 있어

서는 안 된다. 그래서 우리는 모방이라는 말을 좋아하지 않는다. 나쁜 것이라고 생각한다. 하지만 '하늘 아래 새로운 것은 없다'는 말을 기억해야 한다. 모든 창조는 누군가의 아이디어를 바탕으로 만들어지는 것이다. 우리는 이미 다른 사람들이 이루어놓은 과학이나 기술을 배워서 그것을 바탕으로 새로운 것을 만들고 있다. 그래서 남의 것을 그대로 베끼거나 또는 지적재산권을 침해하는 표절이 아니라면, 다른 사람의 아이디어에서 착안하여 새로운 아이디어를 만드는 일에 주저하지 말아야 한다.

표절과 모방 그리고 창조의 경계가 애매한 것은 사실이다. 그러나 '모방은 창조의 어머니다'라는 말이 있지 않은가. 사실 남의 것을 그대로 따라 하는 표절이 아닌, 창의적인 모방을 하는 것은 쉬운 일이 아니다. 모방에도 기술이 필요하다. 모방의 기술에서 하나를 기억한다면 다른 영역에서 성공한 것을 모방하라는 것이다. 인도의 아라빈드 안과병원의 사례를 소개한다.

인도에는 약 1200만 명의 시각장애인이 있다고 한다. 안타깝게도 그들은 제때 적절한 치료만 받았어도 시력을 잃지 않았을 것이라고 한다. 원인은 대부분 백내장이다. 한 시간 정도의 수술로 정상인의 삶을 살수 있는 사람들이 비싼 수술 비용 때문에 장애인이 된다는 것은 안타까운 일이다. 이 문제를 해결하기 위해 아라빈드 안과는 백내장 수술을 18 달러에 제공하고 있다. 그렇게 가격을 대폭 낮출 수 있었던 비결은 무엇일까? 비결은 수술 시스템의 표준화였다.

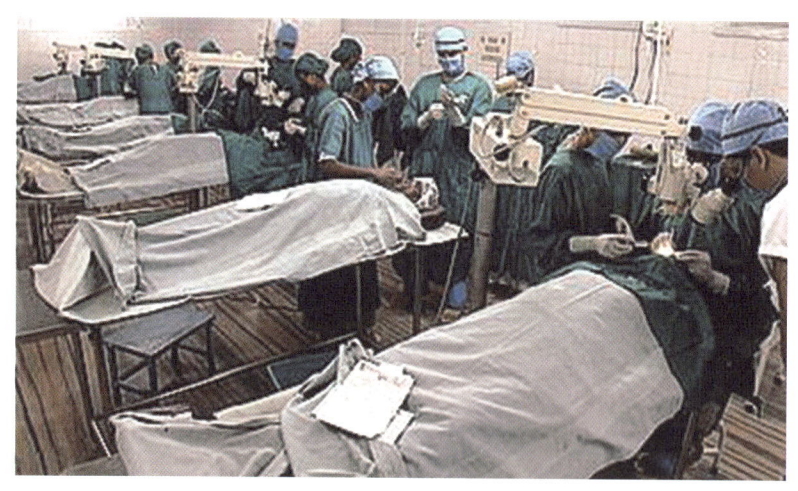

  우리가 생각하는 수술실은 침대 하나에 환자 한 명이 누워 있는 모습이다. 하지만 아라빈드 안과에는 여러 대의 침대가 나란히 놓여 있고 각 침대에 환자들이 누워 있다. 마치 컨베이어벨트가 돌아가듯 여러 명의 의사가 환자들을 연이어 수술하는 방식이다. 핵심적인 의료 기술을 가진 의사가 환자 한 명을 수술한 다음 곧바로 옆 침대의 환자를 수술한다. 이처럼 표준화되고 분업화된 시스템을 갖춘 덕분에 동시에 여러 명의 환자를 수술할 수 있다. 실제로 보통 병원의 의사가 1년에 300~400명의 환자를 수술한다면 아라빈드의 의사는 1년에 2000명이 넘는 환자를 수술한다고 한다. 이렇게 많은 환자를 수술하는 것이 의료의 질을 떨어뜨릴 것 같지만, 의사의 숙련도를 높여서 오히려 수술의 실패율이 낮다고 한다. 게다가 150달러 정도의 인공수정체를 10달러에 공급받아 수술비를 18달러로 낮출 수 있었다.

  아라빈드 안과의 아이디어는 맥도날드와 자동차 생산회사의 시스템을 개념 모방한 것이다. 이렇게 전혀 다른 영역의 아이디어를 자신의 영역에 적용하는 개념 모방은 새로운 것을 창조하는 강력한 기술적인 방법이다.

　대단하게 특별한 것을 창조하겠다는 생각보다는 남의 것을 보고 배운다는 겸손한 생각으로 모방해보자. 남의 것을 보고 변형시켜 자신의 분야에 적용하겠다고 생각해보자. 대단하고 특별한 창조는 어렵다. 하지만 보고 따라 하는 모방은 쉽다. 쉽게 출발해보자.

최근 인기 있는 것과
이슈를 강제로 연결 지어보자

와인 1865는 산페드로(San Pedro)라는 칠레 와인 회사의 대표 제품이다. 1865는 전 세계 80여 개국에서 팔리고 있으며, 한국이 최대 소비국이다. 국내 업계에서는 통상 연간 1만 상자 이상 팔리면 성공한 와인으로 꼽히는데, 1865는 연간 2만 4000상자 이상 팔려 나간다. 750밀리리터 와인 12병이 한 상자에 들어가므로, 연간 29만 병가량 팔리는 셈이다. 현재 백화점과 할인점에서 판매되는 와인은 대략 2000여 종류가 넘는다. 1865는 이 가운데에서 매년 판매 순위 톱10에 들어가는 인기 있는 와인이다.

와인의 이름인 1865는 이 회사가 설립된 연도다. '1865 = 18세부터

46 아이디어 요리하는 아이디어

65세까지 마시는 와인'으로 불리기도 한다. 하지만 1865는 골프와 연결되어 더 많이 알려져 있다. '18홀을 65타에 칠 수 있게 해주는 와인'이라는 것이다. 골프 선수가 아닌 아마추어 골퍼들에게 65타는 꿈의 타수다. 그 꿈을 1865를 마시며 꾸어보는 것이다.

골프와 와인은 전혀 상관이 없어 보인다. 하지만 골프를 치는 사람과 와인을 마시는 사람은 어쩌면 같은 사람일 수 있다. 골프는 여유가 있고 성공한 사람들이 즐기는 스포츠다. 와인 역시 다른 술에 비하면 고급스럽고 여유 있는 사람들이 마시는 술의 이미지가 있다. 이렇게 전혀 상관이 없어 보이면서도 한편으로는 연결고리가 있는 것을 연결시키면 새로운 무엇인가가 탄생하게 된다. 아이디어는 일반적으로 이렇게 상관 없어 보이는 것을 연결할 때 얻어진다.

2006년에 삼성전자는 보르도 TV를 출시하여 TV 시장의 선두를 달리게 되었다. 보르도는 프랑스 남서쪽에 위치한 와인 산업의 중심지로 유명한 곳이다. 보르도에는 3개의 강(지롱드 강, 도르도뉴 강, 가론 강)이 흐르고, 포도를 재배하기 좋은 비옥한 토질과 기후를 갖고 있어 예부터 유명한 와인 산지다. 보르도 TV는 TV의 외관을 와인 잔과 같은 느낌을 주도록 디자인되었다. 서로 전혀 상관 없어 보이는 와인이 TV와 만난 것이다. 보르도 TV는 단순히 방송을 재생하는 도구로서의 TV가 아닌 와인과 같은 고급스러운 분위기를 연출하는 느낌을 주었다. 와인과 만난 TV는 전 세계 소비자들에게 강하게 어필하면서 삼성전자 TV가 세계 판매 1위를 달리게 해주었다.

지금 사람들이 열광하는 것이 있다면 그것을 내가 고민하는 이슈와 연결시켜 아이디어를 만들어보자. 전혀 연관성이 없는 것이어도 좋다. 일반적으로 다른 영역에 있는 것을 연결할 때 기대하지 못했던 아이디어를 얻게 된다. 와인과 골프, TV와 와인이 만난 것처럼, 지금 고민하는 문제와 최근 인기 있는 제품들을 하나씩 연결 지어보자. 엉뚱하면서도 독창적이고 매력적인 아이디어가 만들어질 것이다.

최종 사용자의 입장을
생각해보자

아이디어를 떠올릴 때에는 그 아이디어가 구현될 상품이나 서비스를 사용하는 최종 사용자의 입장이 되어보는 것이 중요하다. 사용자가 어린아이일 수도 있고, 나와 다른 젊은 여성일 수도 있다. 70대의 노인일 수도 있고, 특정한 종교를 가진 사람일 수도 있다. 최종 사용자가 다양하다면, 특정한 사람을 정하여 생각해도 좋다. 상품이나 서비스를 사용하는 사람을 구체적으로 정하고, 그 사람이 되어보는 것이다. 그 사람의 행동 방식이나 사고방식을 감정이입을 통해 경험해보며 아이디어를 만들어보라.

2003년에 LG 전자는 이슬람 성지인 메카의 방향을 알려주는 기능이 있는 '메카폰'을 출시했다. 이슬람교도는 매일 5번씩 정해진 시각에 메카 방향을 향해 기도를 한다. 메카폰은 방위 표시 및 나침반의 기능을 내장하여 전 세계 어디에 있든지 메카의 방향을 알려주었다. 2009년에는 메카폰2를 출시하여 중동 지역을 중심으로 베스트셀러 폰이 되었다. 메카폰은 총 114장으로 구성된 이슬람 경전 코란을 음성과 문자로 동시에 제공하고, 하루 5번 기도 시각을 알려준다. 기도 중에는 전화가 와도 수신 거절과 함께 자동으로 문자 메시지를 발송해주는 기능도 내장되었다. 전 세계 이슬람교도는 12억 명이 넘는다. LG전자는 그들만을 위한 맞춤형 휴대전화를 제공하여 성공을 거둘 수 있었다.

아이디어를 만드는 좋은 방법 중 하나는 현실적이고 구체적으로 사용자를 생각하는 것이다. 상품이나 서비스를 사용하는 사람의 구체적인 프로필을 만들어보자. 그리고 그 사람의 입장에서 생각해보자. '서울에 거주하는 32세 미혼 남성. 광고홍보 회사 근무. 연봉 4000만원. 마포에 있는 아파트에 거주. 주말에는 자전거 동호회 활동.' 이렇게 사용자의 구체적인 프로필을 만들어보고, 그 사람과 교감해보자. 광범위한 사람을 위한 상품이나 서비스라도 구체적으로 그것을 사용할 사람을 제한하며 생각하는 것은 매우 효과적인 방법이다. 구체적인 최종 사용자와 교감하며 같은 것을 느끼고 같은 것을 고민할 때, 현실적으로 강력한 아이디어가 만들어진다.

제품이나 서비스를 판매하는 사람이라면 반드시 생각해야 할 것이 있다. 고객에 대한 고정관념을 없애는 것이다. '우리 고객은 이런 사람이다'라는 생각을 시시때때로 확인해야 한다. 방법은 간단하다. 고객을 한 번 더 관찰하는 것이다. 맥도날드의 사례를 소개한다.

맥도날드는 밀크셰이크의 고객인 8~13세 아동을 위한 서비스를 강화했지만, 별다른 변화가 없었다고 한다. 맥도날드는 하버드 비즈니스 스쿨의 클레이튼 크리스텐슨(Clayton Christensen) 교수에게 밀크셰이크 매출을 늘리는 방안에 대한 자문을 구했다. 크리스텐슨 교수의 연구팀은 맥도날드 매장에서 10시간 동안 고객들을 관찰했다. 그 결과 그들의 예상과 달리 밀크셰이크 고객은 아침에 차를 타고 출근하는 사람들이라는 것을 발견했다. 그 후 맥도날드는 밀크셰이크의 주요 고객을 차를 타고 출근하는 사람으로 잡고, 드라이브인 시스템을 확대하고, 주유소에 밀크셰이크 자판기를 설치하는 등의 새로운 노력을 기울였다. 결과는 매우 성공적이었다. 고객을 관찰해야 진짜 고객이 원하는 것을 발견할 수 있고 더 좋은 상품과 서비스를 제공할 수 있다는 것을 보여주는 사례다.

숙박시설 공유 서비스를 제공하는 에어비앤비(Airbnb)는 공유경제를 비즈니스 모델로 삼은 대표적인 회사다. 이 회사의 창업자 브라이언 체스키는 한 매체와의 인터뷰에서 자신이 받은 최고의 조언이라며 이런 말을 했다.

"당신을 좋아하는(like) 사람 100만 명보다 당신을 사랑하는(love) 100명이 있는 게 낫다."

아이디어를 생각할 때는 최종 사용자를 구체적으로 그려보자. 모두를 위한 서비스는 아무도 만족시킬 수 없다. 구체적인 몇 사람을 위한 아이디어가 실제로 그들을 만족시킬 가능성이 높다. 그리고 바로 그들이 더 많은 확산 고객을 만들어준다. 최종 사용자를 아주 상세하고 구체적으로 한 사람만 정해보자. 그리고 그 한 사람을 위한 아이디어를 생각해보자.

남자와 여자를
바꿔보자

도발은 아이디어를 만드는 효과적인 방법이다. 기존의 것을 도발적으로 거꾸로 뒤집는 역발상을 하고, 그것을 현실적인 형태로 진화시키는 것이다. 가장 민감한 사회적 도발 중 하나는 남자와 여자를 바꾸는 것이다. 남자가 있어야 할 자리에 여자를 놓고, 거꾸로 여자가 있어야 할 자리에 남자를 놓아보라. 여자의 자리를 남자로 채운 대표적인 사례는 매슈 본(Matthew Bourne)의 뮤지컬 〈백조의 호수〉다.

차이콥스키의 발레 음악 〈백조의 호수〉는 너무나 유명한 작품이다. 그런데 매슈 본은 새로운 뮤지컬 〈백조의 호수〉에서 130년 동안 여자였던 백조를 남자로 바꾸었다.

　여자 발레리나가 우아한 백조의 몸짓으로 아름다움을 선물했다면, 남자 발레리노들은 울퉁불퉁한 근육을 바탕으로 격투기를 하는 듯한 동작으로 새롭고 신선한 모습을 보여주었다. 남자 백조가 등장하고, 단순한 사랑 이야기에서 진정한 자아를 찾는 스토리로 변신한 매슈 본의 〈백조의 호수〉는 1995년에 처음 선보인 이후 지금까지 가장 인기 있는 뮤지컬이 되었다.

　남자가 있을 만한 자리를 여자로 채운 뮤지컬도 있다. 남성 입장 불가로 성인 여성만을 위한 박칼린의 〈미스터 쇼〉이다. 〈미스터 쇼〉에는 남자들이 출연하여 옷을 벗는다. 훤칠한 키에 우람한 근육을 가진 남자들이 식스팩을 자랑한다. 일반적으로 남자는 시각적인 자극에 민감하다고 한다. 그래서인지 무대에서 옷을 벗는 대상은 주로 여성이었다.

하지만 〈미스터 쇼〉는 남성과 여성의 역할을 바꾸었다.

이렇게 도발적인 생각이 모두 멋진 아이디어로 연결되는 것은 아니다. 여자 대신 남자를 등장시키는 아이디어만으로 멋진 뮤지컬이 만들어지는 것은 아니다. '거꾸로 뒤집어보면 어떨까?' 하고 생각하는 것은 일종의 사고실험(thought experiment)이다. 그리고 그 실험이 좋은 결과를 만들 수 있는지 나름의 확인 과정을 거치는 것이 필요하다. 확인 과정을 거치며 때로는 수정하고 때로는 새로운 개념을 도입하면서 생각을 발전시켜나가게 된다. 이런 생각의 과정에서 가장 중요한 부분이 바로 생각을 처음 시작할 때 도발적인 생각을 하는 것이다. 기존의 상식과 다르게 과감하게 도발할수록 더 획기적인 아이디어가 만들어진다.

무엇인가를 뺄 수 없을까 생각해보자

새로운 것을 창조하라고 하면 없는 것을 더하는 것부터 생각하게 된다. 하지만 거꾸로 당연하다는 듯 있는 것을 빼는 것도 새로운 창조 방법이 될 수 있다. 기존의 것을 빼는 것이다. 다이슨(Dyson)의 날개 없는 선풍기가 대표적인 사례다.

1882년에 선풍기가 처음 만들어진 후 127년 동안 선풍기에는 날개가 있었다. 날개가 없는 선풍기는 상상하기 힘들었다. 하지만 제임스 다이슨은 선풍기에 날개가 있어야 한다는 고정관념을 깨뜨렸다. 선풍기에 날개가 없다면, 청소하기도 쉽고 아이들이 손가락을 넣었다 다칠 위험도 없고 보기에도 좋고, 여러 가지 장점이 있다. 제임스 다이슨은 날개 없는 선풍기라는 아이디어를 떠올린 후 기술적인 방법을 찾았다.

이 선풍기는 2009년 〈타임〉이 선정한 '올해의 발명품'의 하나로 꼽히기도 했다.

선풍기에서 날개를 없앤 것처럼 당연하게 있는 것을 없애보라. 이런 가정을 해보는 것이다. '만약에 이게 없다면 어떨까?' 만약 그것이 없다면 더 좋겠다는 대답이 나온다면, 그것을 없애는 기술적인 방법을 찾아보는 것이다.

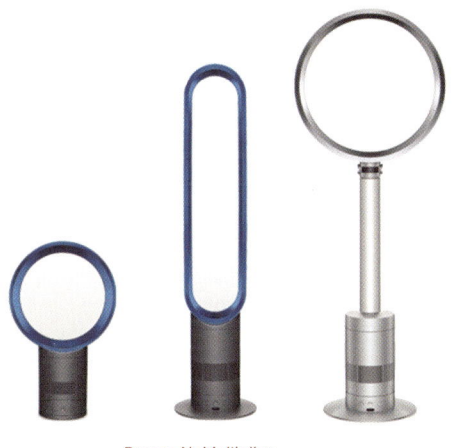

Dyson Air Multiplier

가령 이런 질문을 해보자. 주사기에 바늘이 없다면 어떨까? 2012년에 MIT 의학 및 기계공학연구소에서 바늘 없는 주사기를 개발했다. 바늘 없이 혈관에 약물을 주입하는 주사기다. 바늘 없이 약물을 몸 속에 주입하는 기술은 이미 여러 차례 개발되었다고 한다. 가스나 공기의 강한 압력을 이용하여 주삿바늘 없이 약물을 투약하는 주사기였다. 그러나 MIT가 새롭게 개발한 바늘 없는 주사기는 가스나 공기의 압력을 이용하는 대신 자기장을 이용한다는 점이 다르다. 바늘 없는 주사기는 아이들의 공포와 스트레스를 줄여주는 효과뿐만이 아니라, 주삿바늘을 통한 2차 감염을 예방할 수 있다고 한다.

스티브 잡스는 "필요한 것을 생각하는 것은 중요하지 않다. 필요하지 않은 것이 무엇인지 생각하라"고 강조했다. 그는 소비자가 사용하기 쉬운 단순한 제품을 만들고자 했다. 단순하고 직관적이고 사용하기 쉬운 제품이나 서비스를 만들기 위해서는 기존의 것에서 무엇을 뺄 것인가를 생각해야 한다.

보이지 않던 것을 보이게 할 수 없을까 생각해보자

사람은 보는 것을 좋아한다. 여자친구의 가방에 무엇이 들어 있을까? 다른 회사의 사무실은 어떻게 생겼을까? 아이디어를 만드는 하나의 방법은 이렇게 사람들이 보고 싶어하는 것을 보여주는 것이다.

쇼핑몰이나 어떤 건물에 가면 밖이 보이는 엘리베이터가 있다. 무엇인가를 볼 수 있게 만드는 것은 전망이 좋은 곳의 엘리베이터만이 아니다. 요즘은 마우스도 안을 볼 수 있고 PC도 안을 볼 수 있다. 속을 그대로 보여주는 시계도 있다. 시계의 내부는 일반인이 이해할 수 없을 정도로 복잡하다. 수백 또는 수천 개의 톱니바퀴 같은 정교한 부품들이 움직이는 시계 내부의 모습을 그대로 보여주는 디자인으로 사람들의 마음을 사로잡기도 한다.

　요즘은 청소기도 빨아들인 먼지를 보여준다. 기존의 청소기에서는 가급적 먼지를 보이지 않게 했다. 지저분한 먼지를 사람들에게 보여줄 이유가 없다는 생각이었을 것이다. 하지만 요즘에는 일부러 먼지를 보여줌으로써 청소기가 이렇게 많은 먼지를 제거했다는 것을 보여준다. 사용자는 청소기 안에 쌓인 먼지를 보면서 그만큼 집 안이 깨끗해졌다는 것을 느낄 수 있다.

　'먼지는 지저분한 것이므로 보여주지 말아야 한다'는 것이 기존의 생각이었다. 그런데 '이렇게 많은 먼지를 빨아들인 성능 좋은 청소기라는 것을 보여주자'라고 생각을 바꾼 것이다.

　이렇게 기존에는 당연하게 숨기거나 굳이 보여주지 않았던 것들을 찾아보자. 그리고 그것을 보여줄 만한 이유를 제품의 성능과 연결시켜보자.

아이디어가 필요할 땐 맥주 한 잔 마셔보자

중국의 이태백은 술 한 말에 시 100편을 지었다고 한다. 옛날 시인들은 술을 마시며 취기가 오르면 시를 짓기도 하고, 불쑥 영감이 떠올라 작품의 핵심 아이디어를 찾기도 했다. 영화에서 가끔 예술가들이 술에 취하는 장면을 본다.

그런데 영화에나 나올 법한 제품이 등장했다. 덴마크 코펜하겐의 한 광고 회사와 미국 일리노이 주립대학의 제니퍼 와일리(Jennifer Wiley) 교수가 제작한 것인데, 일명 '문제 해결사(Problem Solver)'라는 맥주다. 호주의 IT 전문 매체《테클리(Techly)》는 이 맥주를 '창의력을 키워주는 맥주'라고 소개했다.

　이 맥주의 병에는 성별과 몸무게가 표시되어 있다. 창의력을 키우고 싶은 사람은 자기 성별과 몸무게에 맞춰 정해진 양을 마시면 된다. 이 맥주의 도수는 약 7.1퍼센트로 맥주치고는 도수가 높다. 창의력을 키워주는 맥주는 제니퍼 와일리 교수의 2012년 연구 보고서를 토대로 만들어졌다. 와일리 교수는 맥주를 마신 집단과 마시지 않은 집단을 나누어 실험했다. 그 결과 혈중 알코올 농도가 0.07퍼센트(마시는 양과 사람의 체질에 따라 다르기는 함)일 때 창의적 문제를 푸는 능력이 가장 뛰어난 것으로 드러났다. 이 연구를 토대로 '창의력을 키워주는 맥주'라는 아이디어가 탄생했다.

　제니퍼 와일리 교수의 재미있는 연구 결과를 가지고 광고 전문가들이 실제로 실험을 했다. 사람들을 몇 개의 집단으로 나눠서 광고를 기획하도록 했고, 그중 5개의 창의적인 광고를 선정했다. 그런데 그중 4개가 맥주를 마신 집단에서 만든 것이었다. 실험 후 덴마크의 광고 회사는 이 맥주의 제작에 동참했다.

맥주 한 잔이 창의적인 아이디어를 내는 데 도움이 되는 것은 맥주가 긴장을 풀어주듯이 뇌의 집중을 느슨하게 해주기 때문이다. 주어진 문제를 집중하여 푸는 것과 새로운 아이디어를 만드는 창의적인 능력은 약간 반대되는 성향을 가진다. 집중하는 것보다는 느슨한 것이 창의적인 아이디어를 만드는 데 도움이 된다.

우리의 뇌는 감각 게이팅(sensory gating)을 통해 중요하지 않다고 판단되는 정보를 자동적으로 차단한다고 한다. 그래서 집중력이 높은 사람은 지금 눈앞에 있는 문제와 관련이 없는 정보가 들어오면 그것을 차단해버린다. 반면 산만하고 감각 게이팅이 느슨하여 이 정보 저 정보를 받아들이는 사람은 서로 관련이 없는 정보를 하나로 연결시켜 창의적인 아이디어를 만들어낸다. 물론 너무 산만하고 느슨한 감각 기관을 가진 사람은 일상생활을 하기 어렵다. 그래서 창의적인 천재의 모습이 영화나 소설에서는 광기가 가득한 사람의 모습으로 오버랩되기도 한다.

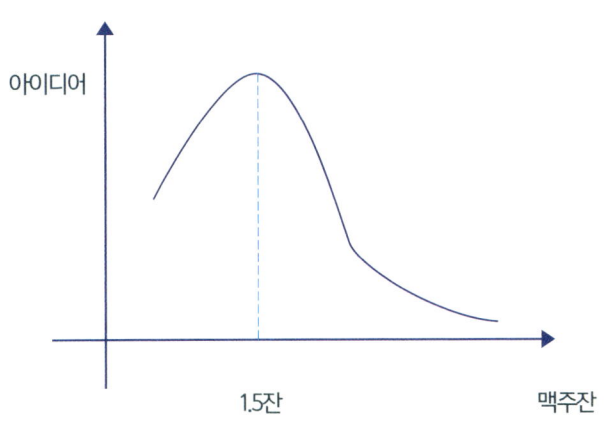

아이디어는 책상 앞에서만 나오는 것이 아니다. 때로는 맥주를 마시다가, 때로는 커피를 마시다가 문득 떠오르기도 한다. 그런데 적당한 양의 맥주는 긴장하여 경직되어 있는 우리의 두뇌를 일정 부분 말랑말랑하게 풀어주는 역할을 하는 것 같다. 단 제니퍼 와일리 교수가 창의적인 문제를 푸는 능력이 가장 뛰어난 것으로 제시한 혈중 알코올 농도는 0.07퍼센트다. 이것보다 더 많이 마신다면? 그때는 아이디어가 달아나지 않을까?

나의 약점에서
새로운 강점 아이디어를 찾아보자

호주 멜버른에는 재플슈트(Jafflechute)라는 샌드위치 가게가 있다. 재플슈트는 재플(Jaffle, 핫 샌드위치)과 슈트(chute, 낙하산)의 합성어다. 이 가게에서는 샌드위치가 낙하산을 타고 손님에게 배달된다. 식당은 건물의 7층에 있고 인터넷으로 주문을 받는다. 고객은 식당이 있는 건물의 골목길에 X마크가 표시된 장소에서 낙하산을 타고 내려온 샌드위치를 받는다. 공식 사이트에는 "만일 재플슈트가 나무 같은 데 걸리면 위험하므로 나무에 올라가서 따올 생각은 말아주십시오"라는 주의 사항이 명시되어 있다. 이런 경우에는 직원이 새로운 재플슈트를 떨어뜨려준다.

하늘에서 내려오는 샌드위치 재플슈트. 출처: 재플슈트 트위터

　재플슈트 창업자들은 1층의 넓은 공간을 사용할 수 있었다면 굳이 이런 아이디어를 내지 않았을 것이다. 1층은 임대료가 비싸고, 공간이 넓으면 더 많은 돈을 지불해야 한다. 7층의 좁은 공간에서도 낙하산을 탄 샌드위치 서비스는 가능하다. 이 식당을 처음 만든 사람들은 분명 7층의 좁은 공간이라는 나쁜 조건에서 식당을 개업했을 것이다. 하지만 이러한 약점은 어떻게 바라보느냐에 따라 달라진다. 그 조건이 좋고 나쁘다는 가치 판단을 하지 않으면 단지 하나의 특징일 뿐이다. 특징은 차별화의 포인트다. 차별화에 가치를 제공할 수 있다면, 이것은 창의성이 된다. 나의 강점이 되고, 독특한 서비스가 되고, 특별한 비즈니스 모델이 될 수 있다.

한동안 인기를 끌었던 민들레영토의 출발도 재플슈트 식당처럼 약점 (제약 조건)을 차별화 포인트로 바꾼 사례다. 민들레영토를 창업한 지승룡 대표는 종잣돈으로 어렵게 2000만 원을 모았다고 한다. 하지만 카페를 차리기에는 부족한 액수였다. 더구나 카페 자리로 물색한 가게가 무허가 건물이었다. 그는 10평 남짓한 그 건물에서 젊은이들을 위한 커뮤니티 공간을 만들고 싶었다. 하지만 커피와 음료를 팔려면 영업 허가를 받아야 하는데, 무허가 건물이라 허가가 나지 않았다.

고민하던 지승룡 대표는 커피 값을 받는 대신 '문화비'라는 이름으로 입장료를 받았다. 일반 카페는 커피 값을 받고 공간을 제공한다. 하지만 민들레영토는 커피를 파는 곳이 아니라, 대화를 하고 책을 읽는 공간이었다. 입장료를 지불한 고객에게 커피를 공짜로 제공하는 것이다.

공간 사용료를 받는 비즈니스 모델은 민들레영토의 차별화 포인트가 되었다. 사업을 확장하여 다른 매장을 열 때도 마찬가지였다. 이렇게 불리한 조건을 차별화 포인트로 만들어간다면, 독특하고 창의적인 아이디어가 된다.

경쟁자가 깔아놓은
멍석을 이용해보자

중국 무술영화를 보면 덩치가 큰 괴력의 사나이를 몸집이 작은 주인공이 쓰러뜨린다. 그때 주로 등장하는 것이 태극권인데, 이 무술의 특징은 상대의 힘을 역으로 이용하는 것이다. 막강한 힘에 힘으로 대항하는 것이 아니라, 상대의 힘을 이용하여 상대를 쓰러뜨린다는 전략이다. 이와 비슷하게 상대방의 마케팅 포인트를 '내가 역으로 이용할 방법이 없을까?'를 고민해보라. 남이 차려놓은 밥상에 숟가락을 올려놓는 전략이다. 다음의 광고를 보자.

Small but tough. Polo.

　　총격전이 벌어지는데, 경찰들이 죄다 폴크스바겐 뒤에만 숨는다. 다른 차들은 믿을 수 없는데, 폴크스바겐은 경찰도 뒤에 숨을 만큼 튼튼하다는 메시지다. 작지만 튼튼하고 안전한 자동차라는 것을 강조하고 있다. 유머와 센스가 있는 광고다. 그런데 이 광고가 인기를 끌자 이 광고를 역으로 이용하는 광고가 등장했다. 바로 닛산 자동차 광고였다.

...and NISSAN advert

폴크스바겐 광고를 패러디한 광고로, 폴크스바겐은 총을 맞아도 되지만, 닛산 자동차는 소중하기 때문에 경찰이 차 앞에서 지켜준다는 메시지를 전달한다. 재미에 재미를 덧붙인 패러디 광고다.

꼭 경쟁자가 아니더라도 다른 사람이 깔아놓은 멍석을 내가 이용할 수 있다면 그것은 가장 손쉽게 무엇인가를 얻는 방법이 된다.

가령 주식 투자를 시작했다고 생각해보자. 가장 손쉬운 방법은 무엇일까? 주식 투자 잘하는 사람이 사는 주식을 사고, 그 사람이 파는 주식을 파는 것이다. 정보를 잘 수집하고 분석을 잘하는 사람을 그대로 따라 하는 것도 하나의 투자 기법이다. 어떤 엄마가 자녀를 미국의 명문 대학에 유학 보냈다. '비결이 무엇이냐'고 사람들이 물었다. 그 엄마의 대답은 간단했다. "나는 잘 몰라요. 그래서 잘 아는 엄마가 하는 대로만 따라서 했어요"

Recipe 15

현실적인 상황을
살펴보자

미숙아로 태어난 아이에게는 인큐베이터가 필요하다. 하지만 아프리카와 같이 가난한 나라에서는 우리 돈으로 5000만 원 정도 하는 인큐베이터가 없어서 미숙아가 죽는 일이 많다. '디자인댓매터스(design That Matters)'의 티모시 프레스테로(Timothy Prestero)는 이 문제를 해결하고자 했다. 사실 인큐베이터는 가격이 너무 비싼 것도 문제였지만, 가령 5000만 원짜리 인큐베이터를 사서 미개발 지역에 보내더라도 1~2년 동안 쓰다 사소한 고장이라도 나면 수리하는 데 필요한 부품들을 구할 수 없고, 현지 기술자도 없기 때문에 고장 난 채 방치되는 것이 문제였다. 그래서 프레스테로는 새로운 인큐베이터를 만들었다.

그것은 자동차 부품으로 만든 인큐베이터였다. 자동차 배터리로 작동하는 이 인큐베이터는 팬도 있고 따뜻하게 해줄 전조등도 있다. 자동차를 수리할 수 있는 사람이라면 누구라도 쉽게 수리할 수 있도록 디자인했다. 이것이 바로 현실을 고려한 아이디어다. 개발도상국에는 5000만 원짜리 최첨단 인큐베이터보다 고장이 나도 손쉽게 수리할 수 있는 자동차 부품으로 만들어진 인큐베이터가 더 큰 도움을 줄 수 있다.

일을 하다 보면 항상 이상적이고 추상적인 이야기만 하는 사람들을 만나게 된다. 그렇게 구체적이지 못한 생각으로는 당장의 현실에 적용할 아이디어를 만들 수 없다. 지금 내가 문제를 해결할 수 있는 현실적인 아이디어를 만드는 것이 중요하다. 자동차 부품으로 만들어진 인큐베이터보다 더 간단하고 실용적인 인큐베이터가 있다. 스탠퍼드 대학 학생들의 D스쿨 프로젝트에서 시작된 임브레이스 인펀트워머(Embrace Infant Warmer)가 바로 그것이다.

WHO(세계보건기구)에 따르면 한 해에 태어나는 조산아의 수는 2000만 명에 이른다. 그중 상당수가 인도 어린이다. 조산아들은 몸을 따뜻하게 할 피하지방이 거의 없기 때문에 인큐베이터에 들어가지 않으면 사망할 확률이 높다. 하지만 인도를 비롯하여 아프리카 나라의 시골마을에는 인큐베이터도 없고, 인큐베이터를 돌아가게 할 전기마저 없는 실정이다. 더구나 외딴지역에서는 갓 태어난 아기를 다른 사람들에게 보여주지 않는 풍습이 있다. 그들을 위해 개발된 인큐베이터가 바로 휴대용 임브레이스 인펀트워머이다. 임브레이스는 인큐베이터의 핵심이 온도임을 깨닫고, 체온과 비슷한 열을 내는 왁스 파우치가 내장된 '포대기'를 개발했다. 파우치는 탈부착이 가능하고, 끓는 물에 넣었다 꺼내는 것으로 50번까지 재활용할 수 있다. 전기도 필요 없다. 가격은 우리 돈으로 20만 원 정도다.

새로운 아이디어는 현실의 필요에 의해 만들어진다. 고객의 구체적인 현실을 파악할 때 그들을 위한 특별한 상품과 서비스의 아이디어를 얻을 수 있다.

구글에서 검색해보자

나만의 아이디어를 만들기 위해서는 일단 다른 사람들의 이야기를 많이 들어야 한다. 많은 이야기를 듣다 보면 나에게 필요한 아이디어를 만나기도 하고, 독특한 아이디어의 힌트를 찾을 수도 있다. 특히 요즘은 검색의 시대다. 궁금한 것이 있으면 바로 인터넷으로 검색해서 정보를 얻을 수 있다. 사람들은 사실관계의 정보만을 검색하지 않는다. 다른 사람들이 느끼는 감정이나 기분도 검색한다. 나와 비슷하게 느끼는지, 아니면 다르게 느끼는지도 검색하여 그 결과를 찾아보는 것이다. 아이디어도 검색으로 찾는 것이 유용한 방법이다. 내가 원하는 아이디어를 '콕' 집어주지는 않아도 검색하다 보면 이런저런 정보들을 접하게 되고, 그것이 내 생각을 확장시켜 새로운 아이디어를 얻게 해준다.

아이디어 창출의 단계를 살펴보자. 월러스(G. Wallas)는 준비 단계, 부화 단계, 발현 단계, 검증 단계의 4단계로 나누어 설명한다.

① 준비 단계(preparation stage): 문제 해결의 첫 단계는 문제에 대해 자유롭게 생각해보는 것이다. 자료를 수집하고 다양한 시각으로 생각하는 시간이다. 문제를 명확하게 정의하는 단계이며, 문제 해결을 위한 다양한 자료를 수집한다.

② 부화 단계(incubation stage): 문제의 해결책이 즉각 떠오르는 경우도 있지만, 대개는 시간을 갖고 고민하는 시간이 필요하다. 그럴 때에는 잠깐 잠을 자도 좋다. 부화 단계는 준비 단계에서 정의한 문제에 대한 자신의 생각을 숙성시키는 시간이다.

③ 발현 단계(illumination stage): 창의적인 활동을 하는 사람이 자신이 추구하고 있던 문제에 대한 해결책을 찾아내는 단계다. 부화 단계를 거쳐 갑자기 나타나는 직관이나 통찰의 형태를 띤다. 알이 깨지면서 병아리가 나오듯이 무의식적 정신 작용이 충분히 이루어지면 잠재되어 있던 아이디어가 '아하' 하고 떠오르는 단계다.

④ 검증 단계(verification stage): 발현 단계에서 나타난 해결책은 검증 단계를 거쳐 확정된다. 이 단계에서는 만들어진 아이디어가 적절한 것인지를 검증한다. 충분히 적절한 아이디어라도 적용하는 과정에서 계속 진화하고 발전할 수 있다.

브레인스토밍을 제시했던 오즈번(Alex F. Osborn)은 아이디어를 얻는 7

단계를 다음과 같이 제시했다.

①해결책을 결정하는 단계: 문제를 깊이 들여다보고 어떻게 해결할 것인지를 잠정적으로 결정하는 단계다.

②준비 단계: 문제 해결을 위해 적절한 자료를 수집하고 준비하는 단계다.

③분석 단계: 관련 자료를 분석하는 단계다.

④관념 형성 단계: 아이디어를 기초로 대안을 탐색하는 단계다.

⑤숙고 단계: 설정된 대안을 명료하게 하기 위해 조용히 생각하는 단계다.

⑥종합 단계: 문제를 부분별로 떼어내어 고려했던 해결책을 전체적인 틀 속에 짜맞추는 단계다.

⑦평가 단계: 최종적으로 만들어진 아이디어를 판단하는 단계다.

아이디어를 얻는 프로세스를 제시한 사람들의 일반적인 과정을 보면 초기에 준비 단계가 있다. 아무런 밑바탕 없이 새로운 아이디어가 '뚝' 떨어지는 것은 아니라는 얘기다. 아이디어를 위한 준비 단계에서 가장 손쉽고 효과적인 방법이 바로 검색이다. 구글에서만 검색할 필요는 없다. 검색 엔진을 바꿔가며 네이버, 다음 등의 여러 검색 사이트를 이용하면 좋다. 키워드도 다양하게 해보고, 때때로 연관 키워드와 이미지도 검색하면 좋다. 내가 다루는 이슈에 관련한 키워드를 2배로 늘려 검색하면 일반적인 검색 때보다 8배의 아이디어를 모을 수 있다.

시간 낭비를 줄이기 위해 검색 시간을 정해놓을 필요가 있다. 검색하다 보면 시간 가는 줄 모르고 엉뚱한 곳으로 흘러가기도 하기 때문이다. 그런데 가끔 엉뚱한 것이 뜻밖의 아이디어를 찾는 열쇠가 되기도 한다. 다양하게 검색할 때는 지금 자신이 집중해야 할 이슈를 놓치지 않는 것이 중요하다.

더하는 것과
빼는 것을 생각해보자

아이디어를 만드는 가장 단순한 방법은 더하기와 빼기다. 기존의 것을 빼는 것, 또는 기존에 없는 것을 더하는 것이다. 먼저 기존의 것을 빼는 방법으로 새로운 아이디어를 만든 사례가 구글의 초기 화면이다. 초창기 야후와 네이버, 다음 등의 초기 화면에는 엄청난 정보와 광고가 노출되어 있었다. 광고가 주수입원인 검색 사이트의 입장에서는 초기 화면 광고를 빼는 것을 생각하기 어려웠을 것이다. 사용자입장에서도 검색 사이트에서 제공하는 정보를 수동적으로 받아들이는 것에 익숙하기 때문에 대부분의 검색 사이트는 포털을 지향하며 뉴스 등의 다양한 정보를 초기 화면에 제공한다.

하지만 구글은 혁신적으로 단순한 초기 화면을 제공하고 있다. 그럼에도 더 많은 광고 수입을 올리고, 더 많은 사용자를 끌어들이고 있다. 구글은 나름의 전략을 가지고 초기 화면에 검색창 하나만을 남겼는데, 이런 구글의 전략을 다른 경쟁자가 단순히 따라 하기는 어려울 것이다. 새로운 아이디어를 만든다는 입장에서 생각해보면, 다른 경쟁자들은 고민하지 않았던 '뺀다'는 아이디어를 구글은 한 번 더 고민한 것이다.

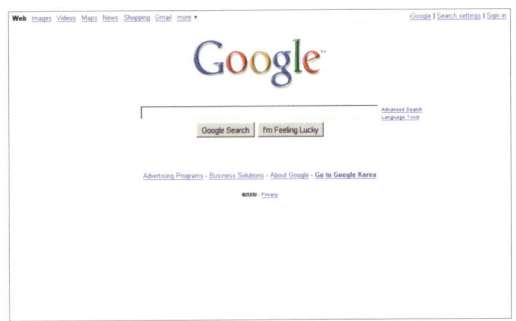

그런가 하면 무엇인가를 더해서 제품의 경쟁력을 높인 경우도 있다. 2006년에 미국의 생활가전 업체인 올리소(Oliso)에서 내놓은 '올리소 오토리프트 다리미(Oliso Auto-Lift Iron)'다. 이 다리미는 손잡이에 터치 센서가 있어서 손을 떼면 다리미의 아랫부분 앞쪽과 뒤쪽에 약 2센티미터 높이의 다리가 튀어나온다. 덕분에 다리미를 하다가 내려놓고 전화를 받거나 깜박 잊어도 옷을 태워 먹을 일이 없다. 다리미질을 하다가 옷을 태웠다는 사람이 은근히 많았는데, 그런 고민을 해결한 것이다. 다리미에 다리를 더한다는 아

이디어로 사용자들의 고민을 해결해준 사례다.

"무엇을 뺄 것인가?" "무엇을 더할 것인가?" 이 두 가지를 생각해보는 것이 아이디어를 얻는 가장 손쉬운 방법이다. 지금 고민하고 있는 문제나 이슈에서 더할 것과 뺄 것을 생각해보자.

더하고 빼는 것을 좀 더 실질적으로 접근하는 방법론으로 ERRC 기법이 있다. 제거(eliminate)하거나 감소(reduce)하거나, 또는 증가(raise)시키거나 새롭게 창조(create)하는 것이다.

증가
업계의 표준 이상으로
올려야 할 것은 무엇인가?

제거
업계에서 당연하게
받아들이는 것 중
제거할 것은 무엇인가?

**새로운
아이디어**

창조
업계에서 없는 것 중
새롭게 시도해볼 만한 것은
무엇인가?

감소
업계의 표준 이하로
줄여야 할 것은
무엇인가?

제거(eliminate): 업계에서 당연하게 받아들이는 것 중 제거할 것

감소(reduce): 업계의 표준 이하로 줄여야 할 것

증가(raise): 업계의 표준 이상으로 올려야 할 것

창조(create): 업계에 없는 것 중 새롭게 시도해볼 만한 것

자신이 지금 고민하고 있는 일에 ERRC를 적용해보자. 상품이나 서비스에 변화를 주고 싶을 때, ERRC를 적용해보는 것은 큰 도움이 된다.

아이디어가 필요할 때는 문제와 함께 잠을 자라

잠이 부족하면 창의성을 죽인다. 반면 달콤한 잠은 풀리지 않았던 문제 해결의 아이디어를 가져다주기도 한다. 아이디어가 필요할 때는 그 문제를 생각하며 잠을 자는 것도 좋다. 피곤하게 느껴질 때에는 그 문제를 생각하며 낮잠을 자는 것도 좋다.

실제로 잠을 자면서 혁신적인 아이디어를 생각해냈다는 사람이 많다. 베토벤이나 모차르트 같은 음악가들은 잠자는 사이에 악상이 떠올라 위대한 곡을 작곡했다고 한다. 한국인들이 가장 좋아하는 팝송인 비틀스의 '예스터데이'도 폴 매카트니가 꿈속에서 떠오른 선율을 악보에 옮긴 것이라고 한다. 독일의 화학자 케쿨레는 1865년 유기화학에서 가장 유명한 분자인 벤젠의 육각형 고리 구조를 낮잠을 자다 꿈속에서 발견한 것으로 유명하다. 노벨 의학상을 받은 오토 뢰비는 실험의 핵심 과정이 잠자는 사이에 떠올라 새벽에 깨자마자 실험실로 달려갔다고 한다. 어떤 경영자는 사업의 핵심 아이디어를 잠을 자다가 생각해냈다고 한다. 숙면을 취하는 것 또는 피곤할 때 낮잠을 자는 것도 아이디어를 만드는 힘이다.

생리학적으로 잠을 자는 동안 우리의 의식은 사라지지만, 뇌혈류량이나 산소 소모량은 깨어 있을 때에 비해 아주 크게 저하되지 않는다고 한다. 우리의 뇌는 잠을 자고 있을 때에도 적당하게 활동한다는 뜻이다. 깨어 있을 동안 우리의 뇌는 깊은 생각에 집중하지 못하고 외부 상황에 반응하게 되는데, 오히려 잠을 자고 있을 때는 내가 중요하게 여기는 문제에 집중하게 된다고 한다. 그래서 잠자는 사이에 창의적인 아이디어가 더 많이 떠오르게 된다.

2004년 독일 연구진이 《네이처》에 발표한 실험 결과에 따르면 수학 문제를 단순히 여러 번 푸는 것보다는 중간에 8시간 동안 잠을 자고 난 후에 풀었을 때 월등히 좋은 성적을 냈다고 한다. 잠을 자지 않은 집단과 잠을 잔 집단으로 나눠서 아이디어가 필요한 문제를 풀게 했는데, 잠을 자지 않은 집단에서는 22퍼센트만이 아이디어를 찾았고, 잠을 잔 집단에서는 60퍼센트가 아이디어를 발견했다고 한다.

2012년 영국 랭커스터 대학 연구진은 국제 학술지 《기억과 인지》

에 〈문제 해결에서의 수면 효과〉라는 논문을 발표했다. 연구진은 평균 나이 20.5세의 남녀 61명을 세 집단으로 나누어 30개 문제를 풀게 했다. 첫 번째 집단은 쉬는 시간 없이 시험을 연속으로 두 번 치렀다. 두 번째 집단은 아침 9시에 첫 번째 시험을 치르고, 12시간 후인 밤 9시에 두 번째 시험을 치렀다. 세 번째 집단은 밤 9시에 첫 번째 시험을 치르고 잠을 잔 뒤 다음 날 아침 9시에 다시 시험을 치렀다. 그 결과 세 번째 집단의 성적이 가장 높았다.

지칠 때까지 아이디어를 찾아 헤매는 것보다 숙면을 취하고 때때로 낮잠을 자는 것이 더 효과적이라는 것을 알 수 있다. 아이디어가 필요할 때는 고민해보고 또 고민해보자. 그리고 아이디어와 함께 잠자리에 들어보자. 때때로 낮잠도 편하게 자보자. 그렇게 해야 아이디어가 떠오를 가능성이 더 높다.

이로
볼펜을 물어보자

아이디어가 필요할 때는 이로 볼펜을 물어보자. 이로 볼펜을 물면 웃을 때 사용되는 근육이 움직여 실제로 즐거운 감정 상태가 된다. 우리의 생각은 감정과 따로 노는 것이 아니기 때문에, 즐거운 감정 상태에서 뇌가 더욱 활성화된다. 그리고 아이디어를 찾는 데도 도움이 된다.

독일의 심리학자 프리츠 스트랙(Frits Strack)은 얼굴의 특정한 근육을 사용하는 것에 따라 마음의 상태가 달라진다는 것을 보여주는 실험을 했다. 그는 학생들에게 볼펜을 물고 4컷짜리 만화를 감상하게 했다. 한 집단은 볼펜을 입술로 물게 했고, 다른 집단은 볼펜을 이로 물게 했다.

동일한 만화를 보게 한 뒤 그들에게 만화가 재미있었는지를 물었다. 이 질문에 대한 두 집단의 평가는 달랐다. 볼펜을 입술로 문 집단은 7점 만점에 4.32점을 주었고, 볼펜을 이로 문 집단은 5.14점을 주었다. 이들은 단지 볼펜을 이로 물었을 뿐인데도 볼펜을 입술로 문 사람들보다 만화를 더 재미있게 보았던 것이다.

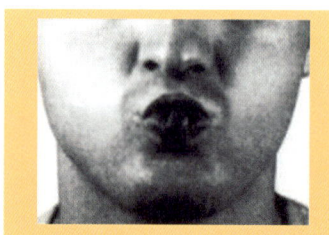
주변 근육이
화가 난 상태처럼 변화

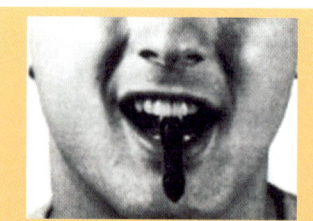
주변 근육이
웃는 상태처럼 변화

사람은 표정을 지을 때 특정한 근육을 사용한다. 감정을 단순하게 긍정과 부정으로 나눠보면, 긍정적인 표정을 지을 때 사용하는 근육과 부정적인 표정을 지을 때 사용하는 근육이 다르다. 각각의 근육은 뇌의 해당 중추와 연결되어 있어서, 뇌의 웃음 중추가 활성화되면 긍정적인 표정을 짓는 근육이 움직이게 된다. 그런데 이 연구는 거꾸로 긍정적인 표정의 근육을 움직이는 것만으로도 뇌의 웃음 중추를 자극하여 실제로 기분이 좋아진다는 것을 보여준다.

이 실험의 결론은 이렇다. 볼펜을 입술로 물 때와 이로 물 때에는 서로 다른 안면근육을 사용하게 된다. 입술로 볼펜을 물 때에는 화를 낼

때의 근육을 사용하고, 이로 볼펜을 물 때에는 웃을 때의 근육을 사용한다. 이 실험은 단지 웃을 때 사용하는 근육을 사용하는 것만으로도 기분이 즐거워진다는 사실을 증명한 것이다.

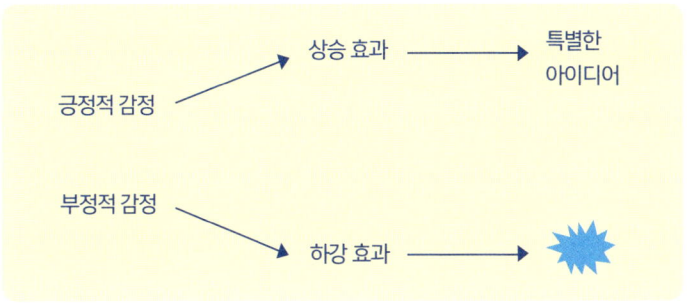

이처럼 우리의 생각은 마음의 상태에 영향을 받는다. 그래서 새롭고 독특한 아이디어를 만들고 싶으면 마음을 즐겁고 재미있는 상태로 만들어야 한다. 간단하게 볼펜을 이로 무는 것으로 그렇게 할 수 있다니, 너무 쉽지 않은가? 아이디어 회의를 할 때는 다 같이 이로 볼펜을 물어 보자.

아이디어를 진화시키자

다음은 개그맨들의 아이디어 회의 장면이다. 한 사람이 말한다.

"뚱뚱한 부인이 바나나 껍질에 넘어지게 하자. 먼저 바나나 껍질을 화면에 보여주고 뚱뚱한 부인을 등장시킬까? 아니면 뚱뚱한 부인이 등장하고 나서 바나나 껍질을 보여줄까?"

그들은 서로 다양한 이야기를 주고받는다. 그리고 뚱뚱한 부인과 바나나 껍질을 어떻게 연결시킬 것인가에 대한 아이디어를 짜고 그것을 더 새로운 방법으로 진화시킨다. 여러 사람의 의견이 모아진 끝에 최종적으로 다음과 같이 결정되었다.

먼저 뚱뚱한 부인이 화면에 비친다. 그런 다음 바나나 껍질을 보여준다. 바나나 껍질을 본 부인은 바나나 껍질을 피해 옆으로 간다. 그렇게 바나나 껍질을 밟지 않으려고 조심하며 옆 걸음으로 걷던 뚱뚱한 부인은 뚜껑이 열린 하수구에 빠져버린다.

새로운 아이디어란 기존에 존재하던 무엇인가의 변형이다. 기존의 어떤 생각에서 출발하여 그것을 변형시키는 것은 새로운 아이디어를 만드는 좋은 방법이다. 아이디어를 변형시킬 때에는 이런저런 다양한 이야기들을 섞으면 좋다. 아주 평범한 아이디어에서 출발하여 변형되고 진화하는 과정을 거치면 독특한 아이디어가 만들어진다. 때로는 엉터리 같은 아이디어에서 출발할 수도 있다. 변형과 진화 과정을 거치다 보면 처음에는 말도 안 되는 것처럼 보이던 아이디어가 매우 독특하고 참신한 아이디어로 바뀌기도 한다.

예를 들어 모기 퇴치기가 있다. 이 제품의 원리는 '모기는 듣지만 인간은 듣지 못하는 주파수 대역의 소리를 발생시켜 모기를 쫓아내는 것'이다. 모기 퇴치기의 아이디어를 변형시키고 진화시켜 10대를 위한 휴대전화 벨 소리가 나온 적이 있다. 모기는 듣지만 인간은 듣지 못하는 소리가 있는 것처럼, 10대는 듣지만 30~40대 이상은 잘 듣지 못하는 주파수 대역의 소리가 있다. 이런 주파수 대역의 소리를 휴대전화 벨 소리로 만든 것이다. 영국과 미국에서 이 서비스는 선풍적인 인기를 끌었다. 상상해보라. 학교 교실에서 휴대전화 벨 소리가 울리는데 선생님만 듣지 못한다. 학생들이 얼마나 재미있었겠는가?

독특하고 획기적인 아이디어는 모두 변형과 진화를 거쳐 만들어진다. 변형, 변화, 변이, 모양을 조금씩 바꿈. 이런 것들은 사소해 보이지만 매우 강력한 힘을 발휘한다. 가령 동물의 바이러스는 인간에게 전염되지 않는다. 인간과 동물의 세포조직이 다르기 때문이다. 하지만 무서운 것은 바이러스가 변이를 일으키는 경우다. 동물 바이러스 중에 어떤 녀석이 변이를 일으켜서 사람의 몸을 공격하는 일이 가끔 있다. 조류독감, 메르스 등이 그런 예다. 이 경우 그 위력은 매우 강력해진다.

진화론에서 가장 일반적으로 받아들여지고 있는 이론이 '돌연변이 → 환경 적응 → 적자생존 → 새로운 종' 모델이라고 한다. 진화의 모델은 창의적인 아이디어를 만드는 모델로도 적합하고, 골치 아픈 문제를 해결하는 아이디어를 만드는 모델로도 적합하다.

아이디어가 필요할 때는 평범한 아이디어를 변형시키고 진화시켜보자. 엉뚱한 아이디어에서 시작해도 좋다. 그것을 현실적으로 변형하고 진화시킬 수 있다면 매우 독특한 아이디어가 될 것이다.

변화가 없다면 발전도 없다. 꼭 창의적인 아이디어를 위해서가 아니더라도, 자신의 모습을 조금씩 바꾼다는 것은 그것 자체가 개인의 발전이고 자기계발이다. 자신의 스타일이나 일하는 방법, 배우는 방법, 생각하는 방법도 약간씩의 변화가 필요하다. 우리도 자신의 모습을 조금씩 바꾸고 진화해갈 필요가 있다.

Recipe 21

낙서를
해보자

노트를 꺼내고 연필을 잡아보라. 그리고 자유롭게 고민하고 있는 아이디어와 관련된 낙서를 해보자. 생각나는 단어를 써도 좋고, 생각나는 모양을 그려봐도 좋다. 자유롭게 낙서를 해보자. 볼펜보다는 연필이 낙서에 적당하다. 연필이 없다면 볼펜도 상관없다. 그렇게 자유롭고 엉뚱하게 낙서하며 나에게 필요한 아이디어를 잡아보자.

낙서는 손을 쓰는 작업이다. 우리 신체에서 뇌와 가장 밀접하게 연결되어 있는 것이 손이다. 그래서 손을 많이 쓰고 정교하게 사용할수록 머리가 좋아진다고 생각해서, 아이들에게 젓가락으로 작은 콩을 집는 방법을 가르치기도 한다.

다음은 유명한 신경외과 의사인 와일더 펜필드(Wilder Penfield)가 뇌와 인체기관 사이의 연관성을 그린 호문쿨루스(Homunculus)라는 그림이다.

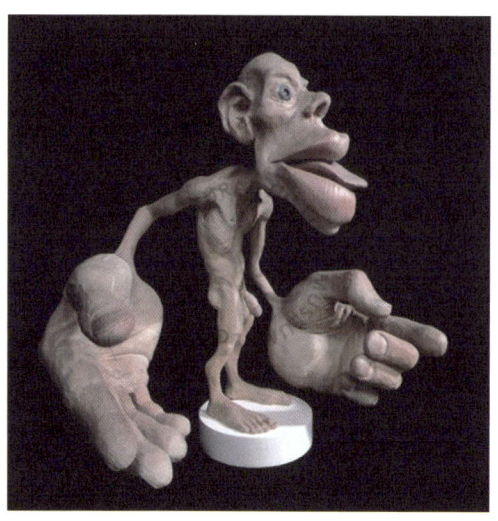

손을 제어하는 뇌의 부위가 보이는 것처럼 크다는 것을 나타내고 있다. 손을 자주 정교하게 쓰는 것이 뇌를 자극하는 가장 좋은 신체활동이라는 것을 알 수 있다.

페이스북이 사무실 벽을 개조하여 칠판으로 바꾸었다는 뉴스가 화제가 되었다. 미국에서는 IT기업을 중심으로 사무실 벽을 칠판으로 개조하는 것이 유행이라고 한다. 직원들이 좋은 아이디어가 떠오르면 그때그때 기록할 수 있도록 한 것이다. 고민 중인 이슈를 마음 가는 대로 적어보기도 하고, 도표를 그려보기도 하면서 아이디어를 찾게 하자는 의도다.

낙서는 생각을 확장하는 데 큰 역할을 한다. 탁월한 아이디어는 좌뇌와 우뇌를 모두 활성화할 때 얻어진다. 언어와 같은 상징은 좌뇌에서 처리된다. 반면 낙서와 같은 이미지는 우뇌에서 처리된다. 자신이 고민하고 있는 문제에 대하여 낙서를 하며 아이디어를 떠올리는 것은 좌뇌와 우뇌를 동시에 사용하는 좋은 방법이다. 낙서를 할 때는 꼭 그림을 그릴 필요는 없다. 단어를 써도 좋고, 화살표와 동그라미 같은 간단한 도식으로 나타내도 좋다. 낙서는 메모와 같이 자신이 생각하고 있는 것을 표현하고, 그것을 자신의 눈으로 확인하는 작업이다. 눈으로 자신의 생각을 확인하는 것은 아이디어를 확장시킬 수 있는 강력한 방법이다. 또한 낙서는 손을 사용하기 때문에 뇌를 자극한다.

벽을 칠판으로 개조하는 것을 넘어서 어떤 기업들은 '낙서 룸'을 별도로 만들기도 한다. 낙서 룸에 칠판과 사인펜, 낙서장은 물론이고 3차원적 아이디어 구현을 위한 스티로폼이나 막대 같은 도구를 구비해두기도 한다. 낙서를 도와주는 그래픽 기록가(graphic recorder)도 있다. 그들은 회의 때 같이 참석하여 토론 내용을 그림이나 도표로 정리하여 표현한다. 어떤 회사에서는 직원들이 낙서를 잘하도록 하기 위해서 그래픽 전문가를 초빙하여 교육까지 시키고 있다. 각종 도형 또는 화살표를 활용하거나, 간단한 이미지를 연습하여 적절하게 표현함으로써 자신의 생각을 낙서로 표현하게 한다.

심리학자들의 많은 연구는 글자로 표현된 정보보다 낙서나 그림으로 표현된 정보가 더 오래 기억된다는 것을 보여준다. 재키 앤드레이드 영국 플리머스 대학 심리학 교수는 "시각적으로 아이디어를 구체화하는 과정에서 창의성을 기를 수 있다"고 말한다. 아이디어가 필요할 때는 노트를 꺼내어 연필을 잡아보자. 자유롭게 낙서를 즐기며 아이디어를 만들어보자.

일회용으로 바꿀 것이 없는지 생각해보자

다음의 사진에서 왼쪽은 막대 손잡이가 달린 흔한 걸레의 모습이다. 그런데 어떤 사람들은 걸레에 만족하지 못하고 강력한 세정 기능이 있으면서도 바닥을 손상시키지 않는 화학물질을 만들고자 했다. P&G는 걸레의 개념을 바꾼 새로운 제품을 시장에 내놓았다. 빨아서 써야 하는 기존 걸레의 불편함을 없앤, 한 번 쓰고 버리는 일회용 걸레를 출시한 것이다. P&G의 스위퍼(swiffer)는 시장에 나오자마자 선풍적인 인기를 끌었다.

기존의 모습을 바꾸는 방법의 하나는 무엇인가를 일회용으로 대체하는 것이다. 전체를 일회용으로 만들 수도 있고, 어느 한 부분만 일회용으로 만들 수도 있다. 한 번 쓰고 버리는 개념을 고려해보는 것이다. 예전에 일회용은 가격이 비쌌지만 요즘은 가격 부담 없이 해결되는 것들도 많다. 주변을 잘 살펴보면 가격 부담 없이 일회용으로 만들 수 있는 것이 많이 있을 것이다.

일회용의 개념을 다르게 적용해보아도 좋다. 어떤 중요한 부분을 일회용처럼 중요하지 않게 생각하거나 또는 의미를 축소하는 것이다. 반대로 일회용처럼 아주 사소하게 생각되던 것 또는 그냥 버릴 만한 것을 도자기 같은 매우 고급스러운 것으로 바꾸어보는 것도 좋은 방법이다. 사소한 것에 특별한 가치를 부여하여 새로운 의미를 창출하는 것이다. 지금 고민하는 것에 일회용을 적용해보자.

사람들을 참여시키고 경험을 줄 수 있을지 고민하자

사람들은 단순한 소비보다는 경험을 선호하고, 적극적으로 참여할 때 더 즐거움을 느낀다. 따라서 아이디어를 만들 때에도 고객을 참여시켜 새로운 경험을 제공하는 것을 고려하면 좋다.

다음은 독일의 자선구호단체 미제레오르(Misereor)가 만든 'Social Swipe(사회적 카드 긁기)'라는 광고다. 카드를 긁는 순간 이색 영상이 나오는 광고인데, 칸 국제 광고제에서 금상을 받았다. 화면 중앙의 선을 따라 신용카드를 긁는 순간 스크린 영상이 활성화되며, 잘린 빵이 접시에 담긴다. 그리고 '기부해주어서 고맙다'는 메시지가 뜬다. 사람들은 카드 내역서에 2유로가 기부된 것을 확인할 수 있으며, "미제레오르가 감사를 드립니다. 이제 매달 2유로를 기부하세요."라는 메시지를 받게 된다.

　지로용지가 날아와서 불우한 이웃에게 기부해달라고 하는 것이 아니라 자신이 직접 신용카드를 긁는 순간 배고픈 아이들에게 빵을 잘라주는 듯한 경험을 제공하고 있다. 이런 체험을 한 사람들은 2유로의 기부에 더 긍정적이다.

　극장에 사람들이 모여든다. 자리를 잡고 영화가 시작되기를 기다리는 동안 광고 한 편이 나온다. 자동차를 타고 어딘가로 가는 평범한 가정의 모습이다. 관객의 시점으로 자동차는 평범한 길을 달리고 있다. 그런데 갑자기 관객들의 휴대전화가 울린다. 관객이 휴대전화를 확인하는 순간, 화면의 자동차는 큰 충돌 사고를 일으킨다. 관객이 휴대전화를 보는 순간 자동차가 나무를 들이받은 것이다. 운전 중 휴대전화를 사용하면 교통사고가 일어날 수 있다는 것을 체험하게 하는 광고다.

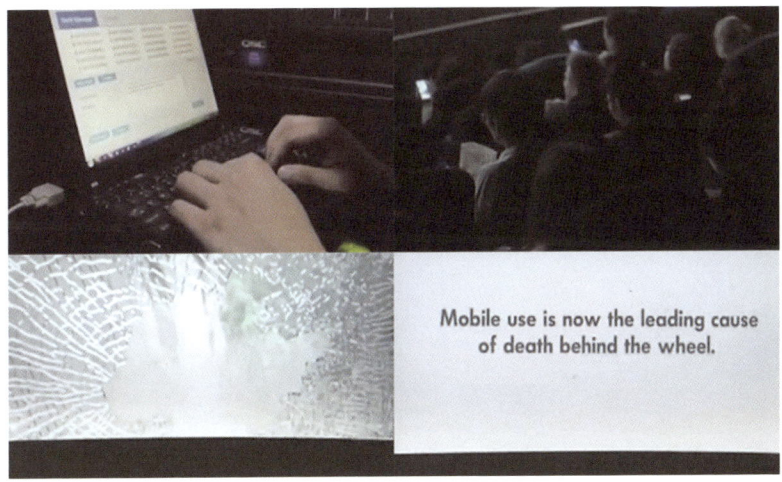

사람들은 자신이 직접 경험하는 것을 좋아한다. 그래서 아이디어를 만들 때에는 사용자에게 경험을 제공하는 것을 고려해야 한다.

진심으로
사랑해보자

감정을 느껴보는 것도 아이디어를 만드는 방법의 하나다. 여러 가지 감정 중에서도 사랑이 제일 좋은 방법이다. 나의 제품이나 서비스를 사랑해보고, 나의 고객들에게 사랑의 감정을 느껴보는 것이다. 아이디어는 머리로만 만들어지는 것이 아니기 때문에, 감정적으로 공감하고 느껴보는 것은 아이디어를 얻는 매우 좋은 방법이 된다.

다음 광고를 보자. 담요가 그려져 있고,

거기에 작은 글씨로 이렇게 쓰여 있다.

오늘 이 신문은 누군가의 이불이 됩니다.

노숙인이 없는 연말을 만들어주세요.

– 대한적십자사

이 광고를 만든 사람은 광고 천재로 불리는 이제석 씨다. 대한적십자사의 모금을 위한 광고였는데, 이 광고가 나간 이후에 평소보다 많은 기부금이 들어왔다고 한다. 실제로 노숙을 하며 이 광고를 만든 이제석 씨의 이야기는 TV 드라마로도 만들어졌다.

내가 찾고 있는 아이디어를 사용할 사람들에 대한 애정이 없으면 좋은 아이디어를 만들 수 없다. 아이디어를 위해서는 진정성이 필요하다.

기업의 활동도 마찬가지다. 자신들의 제품을 사용하는 사람들에게 진실한 마음을 갖는 것이 필요하다. 자동차 제조회사 볼보(Volvo)는 야간 자전거 운전자를 보호하기 위한 스프레이인 라이프페인트(Life Paint)를 개발했다. 라이프페인트를 자전거나 옷, 헬멧 등에 뿌리면 한밤중에도 빛을 반사한다. 어두운 길에서 자전거를 타고 가다가 교통사고를 당하는 일을 예방하기 위한 '안전' 제품이다. 스프레이는 물세탁만으로도 쉽게 제거된다고 한다.

왜 자동차 회사에서 자전거 운전자를 위한 야광 스프레이를 만들었을까? 그것은 볼보의 철학과 가치가 '안전'이기 때문이다. 이렇게 진실된 마음으로 더 좋은 세상을 만들기 위해 노력하는 모습을 보여줄 때 제품의 우수성을 광고하고 홍보하는 것보다 더 강력하게 호소할 수 있다. 진실한 사랑을 바탕으로 아이디어가 만들어졌을 때, 소비자에게도 강력하게 전달된다.

최신 기술에 주목해보자

2015년 1월 미국 디트로이트에서 열린 북미 오토쇼에서 3D 프린터로 제작된 자동차가 사람들의 이목을 집중시켰다. 미국의 자동차 전문회사인 로컬모터스는 차체를 장내에서 3D 프린터

로 직접 찍어냈다. 3D 프린터로 찍어낸 차체에 엔진과 타이어 등을 장착한 다음 직접 시험 주행까지 선보였다.

새로운 기술은 새로운 산업 생태계를 만들고, 인간의 삶을 급속도로 변화시킨다. 3D 프린터, 사물 인터넷(Internet of Things) 등이 우리의 생활을 급속도로 바꿀 것으로 예상된다. 이런 새로운 기술을 직접 이용하거나 또는 그것에서 파생되는 제품을 이용하여 아이디어를 만들어보자.

가령 예전에는 사진관에서 사진을 찍었다. 중요한 기념일에 온 가족이 사진관에 가서 가족사진을 찍고 액자에 담아 집에 걸었다. 그런데 최근에는 3D 프린터로 가족사진을 찍는 사진관이 등장했다. 사진은 2차원이지만, 3D 프린터로 찍은 사진은 3차원의 입체가 만들어진다.

생활을 바꾸고 생각을 바꾸고 세상을 바꾸는 것은 기술이다. 기술의 발전은 우리의 라이프스타일을 바꾼다. 따라서 우리는 기술을 관찰해야 한다. 새로운 기술만이 아니라, 자신의 제품이나 서비스에 접목할 만한 기존의 기술을 관찰하는 것도 좋다.

1500년대에 갈릴레오 갈릴레이가 살던 시기에 사람들은 천동설을 믿었다. 태양이 지구 둘레를 돈다는 것이 상식이던 시대에 갈릴레이는 '지구가 태양 주위를 돈다'는 지동설을 주장했다. 갈릴레이는 어떻게 지동설을 주장할 수 있었을까? 그것은 망원경의 힘이 컸다. 당시 사람들이 천동설을 믿었던 이유는 그것이 눈으로 보이는 세상을 설명해주었기 때문이다.

그런데 갈릴레이는 새로운 발명품인 망원경을 갖게 되었다. 사람들이 망원경으로 먼 산이나 옆 마을을 보고 있을 때 그는 그것으로 하늘을 보았다. 별을 보고 행성들을 관찰했다. 하늘을 더 잘 볼 수 있게 망원경을 개조하기도 했다. 그 결과 그는 별들의 움직임과 행성들의 움직임을 보게 되었고, 천동설로는 그런 움직임을 도저히 설명할 수 없다는 것을 알게 되었다. 그런 움직임을 잘 설명하는 것은 지동설이었다. 다시 말하면, 갈릴레이가 지동설을 주장할 수 있었던 이유는 그가 더 열심히 공부하고 더 많은 생각을 했기 때문이 아니다. 갈릴레이는 새로 발명된 망원경으로 남들이 보지 못했던 별과 행성들을 보았기 때문이다.

구텐베르크는 금속활자를 발명했다. 사람들은 그전까지 손으로 직접 책을 썼지만, 금속활자의 발명은 대량으로 책을 인쇄할 수 있게 해주었다. 그 덕분에 성직자들만이 보던 성경을 일반인도 소유할 수 있게 되었으며, 마르틴 루터와 같은 종교 개혁가들이 등장할 수 있었다. 종교 개혁은 중세 1000년 동안 신에게로 향했던 관심을 인간에게 돌리게 함으로써 르네상스 시대를 열었다. 서양 역사의 가장 획기적인 사건은 그렇게 금속활자라는 기술적인 발명에서 시작되었다.

우리에게도 상품이나 서비스를 차별화하고 가치를 높여줄 그런 '갈릴레이의 망원경'이 필요하다. 갈릴레이는 망원경을 직접 발명하지는 않았지만 자신의 연구에 사용하여 새로운 발견을 할 수 있었다. 과거에 비해 지금은 기술이 빠르게 발전하고 있다. 기술과 기계에 초점을 맞춰 '자신의 일에 어떻게 적용할 수 있을까'를 관찰해야 한다. PC가 보급되기 시작했을 때, 스마트폰이 처음 나왔을 때, 기술의 관찰을 통해 기회를 잡은 회사들이 있다. 반면 그런 기술적인 변화를 이해하지 못하고 따라가지 못해 도태된 회사들도 있다. 최근에는 사물 인터넷도 관심을 끌고 있다. 사람들은 3D 프린터가 세상을 바꿀 것이라며 흥분하고 있다. 새로운 기술에서 자신에게 필요한 것을 발견하는 것이 혁신적인 아이디어를 얻는 최고의 방법이다.

최신 기술에 대한 뉴스를 보며, 그것을 활용하는 아이디어를 생각해보자. 그 최신 기술이 우리 일에 직접적으로 활용되지 않더라도 우리에게 필요한 새로운 아이디어를 연상하는 데 도움을 줄 것이다. 꼭 새로운 기술이 아니더라도 기술적인 방법을 이용하여 아이디어를 만들어보자.

2장

아이디어 요리하기

－ 점심 레시피

아이디어는 당신의 모자 밑에 있다.
－존 워너메이커(John Wanamaker)

파란색 옷을
입어보자

다음 사진은 '레고'의 신문 광고다. 파란 바닥에 하얀색 'ㄱ' 모양
이 블록이 보인다. 이것은 넓은 바다에 혼자 고개를 내민 잠수함의
잠망경을 표현하고 있다. 파란색의 블록으로 바다를 표현했고, 하얀색의
블록은 잠수함의 잠망경을 의미한다. 이 광고에서 전달하는 메시지는 레
고를 통해 창의력을 키우라는 것이다. 사람들이 이 광고를 창의력과 연
결시키는 이유 중 하나는 파란색이 창의력과 관련이 있기 때문이다.

2009년 《사이언스》에 재미있는 실험 결과가 발표되었다. 파란색이
창의력을 높인다는 내용이었다. 브리티시 컬럼비아 대학교의 심리학자
들은 색깔이 사람의 상상력에 미치는 영향에 관한 실험을 했다. 연구자

들은 600명의 대학생들을 빨간색 방, 파란색 방, 중간색 방에 들어가게
한 후 각종 기초 인지 과제를 수행하게 했다. 실험 결과는 매우 놀라웠
다. 빨간색 방에서 과제를 수행한 학생들은 잘못된 철자 잡아내기, 단
기 기억에 무작위 숫자 저장하기 등 정확성과 주의력을 요구하는 과제
를 수행하는 데 매우 뛰어난 능력을 발휘했다. 그 이유는 사람들이 빨
간색을 자동적으로 위험과 연관시키기 때문이라고 한다. 빨간색에 노
출된 사람은 주의를 집중하여 정확한 업무를 처리하게 된다고 한다.

한편 파란색에 노출된 사람들은 주의를 집중하는 일이나 단기적인
기억을 요구하는 과제에서는 좋은 점수를 받지 못했지만, 상상력 과제
에서는 매우 뛰어난 능력을 보였다. 심리학자들의 해석에 따르면, 파란
색은 자동적으로 하늘과 바다를 연상시키며, 드넓은 수평선과 널리 퍼

지는 햇살, 모래밭과 느긋한 여름날을 떠올리게 함으로써 두뇌에 알파파가 증가하기 때문이라고 한다.

사람은 생각보다 색깔의 영향을 많이 받는다. 특정한 색으로 방을 도배하거나, 조명을 특정한 색으로 하거나, 또는 특정한 색의 옷을 입는 것만으로도 색의 효과를 볼 수 있다고 한다. 가령 빨간색은 감각신경을 자극하여 교감신경계를 활성화한다. 그래서 앞에서 소개한 것처럼 주의력을 요하는 일에 도움이 된다. 노란색은 운동신경을 활성화하고 근육에 사용되는 에너지를 생성한다. 오렌지색 역시 두뇌를 활성화한다. 따라서 우리는 필요에 따라 색을 활용할 수 있다. 가령 빨간색은 주의를 집중하는 데 좋지만 에너지를 급속도로 소진시킨다. 따라서 오랜 시간 공부를 해야 하는 학생이라면 빨간색보다는 파란색이 있는 장소에서 공부하는 것이 좋다.

아이디어를 만들기 위해서는 꼭 파란색만 필요한 것은 아니다. 색깔이 우리에게 미치는 영향을 고려하여 노란색, 오렌지색 등을 함께 활용하는 것도 좋은 방법이다.

친구에게 지금의 고민을 이야기해보자

"여덟 살 조카에게 데이터베이스가 무엇인지 설명해보시오."

엉뚱하고 황당한 면접 질문으로 유명한 구글의 질문이었다. 여덟 살짜리 조카가 알아들을 수 있게 데이터베이스를 쉽게 설명하려면, 기본이 탄탄하면서도 구체적이고 깊게 이해하고 있어야 한다. 그만큼 어린 조카에게 데이터베이스를 설명하는 것은 스물여덟 살의 전문가에게 설명하는 것보다 더 어려운 일이다. 조카에게 지금 내가 고민하는 문제를 설명해보는 것은 아이디어를 만드는 매우 좋은 방법이 될 수 있다. 나와 전혀 다른 분야에서 일하는 사람에게 내 고민을 설명해보는 방법도 있다. 다른 사람에게 설명하다 보면 자신이 공부하게 되는 것처럼, 내가 지금 고민하는 아이디어를 다른 사람에게 설명하는 것은 아이디어를 찾는 좋은 방법이다.

다른 사람에게 "나는 지금 이런 아이디어가 필요합니다"라고 말하는 것은 그 사람에게 아이디어에 대한 힌트를 기대하기 때문이 아니다. 스스로 아이디어를 찾을 가능성이 높기 때문이다. 특히 문제를 여덟 살 조카에게 이야기하고 70세 할아버지에게 이야기하는 것은 그 문제에 대해 다른 시각을 갖게 한다. 그만큼 나의 아이디어가 넓어지게 된다.

다른 사람에게 어떤 주제에 대해 설명하는 것은 매우 유용한 생각 정리 방법이다. 특히 공부를 할 때 활용하면 좋다. 미국의 행동과학 연구 기관인 NTL에서 제시하는 학습 효율성 피라미드를 보면, 다른 사람에게 설명하는 것이 가장 효율적인 공부 방법임을 알 수 있다.

학습 효율성 피라미드

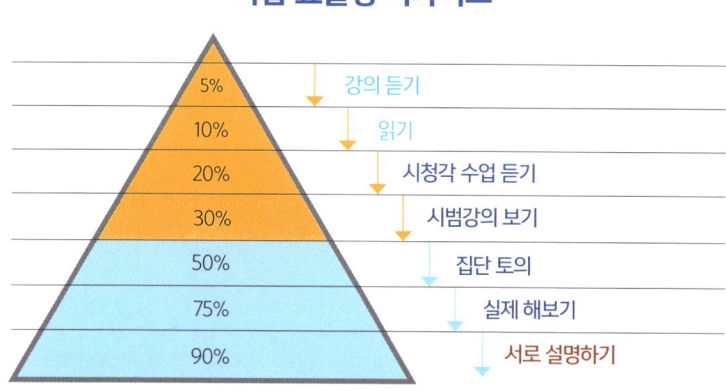

5%	강의 듣기
10%	읽기
20%	시청각 수업 듣기
30%	시범강의 보기
50%	집단 토의
75%	실제 해보기
90%	서로 설명하기

출처: NTL(National Traning Laboratories)

다른 사람에게 자신이 지금 고민하는 문제에 대해 설명하다 보면, 그 문제에 대한 종합적인 시각을 가지게 될 뿐만 아니라 생각을 정리하고 문제 해결의 아이디어를 얻게 되는 경우도 많다.

엘리베이터 테스트를 해보는 것도 아이디어를 얻는 방법이다. 엘리베이터를 타고 꼭대기 층에서 현관 로비까지 내려오는 데 대략 30초 정도 걸린다. 그 30초 동안에 자신이 고민하는 것에 대해 명쾌하게 이야기해보는 것이다. 경영 컨설팅 회사에서 주로 사용하는 방법으로 핵심을 파악하는 데 유용하다. 두꺼운 보고서를 썼어도 또는 2시간짜리 발표를 준비했어도, 그것을 30초 안에 설명할 수 있어야 한다. 30초 동안에 설명하지 못한다면 핵심을 파악하지 못하고 있는 것이다. 이것이 엘리베이터 테스트다.

아이디어가 필요할 때에도 엘리베이터 테스트를 해보자. 엘리베이터에 여덟 살짜리 조카 또는 50대 여성과 같이 탔다고 생각해보자. 그리고 그들에게 30초 동안 내가 필요한 아이디어에 대해 설명해보자. 어떤 내용을 설명하면서 공부하듯이, 스스로 아이디어를 발견하게 될 것이다.

특정 단어를 중심으로 생각해보자

한국소비자포럼과 한국소비자브랜드위원회가 2014년을 빛낸 브랜드를 선정했다. 2014년 올해의 브랜드에서 눈에 띈 것은 배우 김보성의 '의리'였다. 김보성의 의리는 여러 시리즈를 양산하며 선풍적인 인기를 끌었다. 시작은 비락식혜 CF였다. 김보성이 느닷없이 쌀 가마니를 후려치며 '우리 몸에 대한 으리!'를 외치더니 모든 단어에 '으리'를 붙이기 시작한다. '전통의 맛이 담긴 항아으리!' '신토부으리!' '에네으리기음료!' '아메으리카노!' 이렇게 외치더니 "이로써 나는 팔도와의 의리를 지켰다. 광고주는 갑, 나는 으리니까! 으하하하하" 하고 마치 1970년대 액션 영화 주인공처럼 포효한다.

네티즌들은 폭발적인 반응을 보였다. 사람들은 김보성과의 '으리'를 지켜야 한다며 식혜를 사먹기 시작했고, 광고가 나간 직후 한때 비락식혜 편의점 매출이 70퍼센트까지 올랐다고 한다. 김보성은 다른 광고에서도 변함없이 '귀거으리', '목거으리', '악세사으리', '윗도으리', '아랫도으리'를 외쳤고, 네티즌들은 으리를 집어넣어 패러디 열풍을 이어갔다. '롯데으리아', '너구으리', '벚꽃 나드으리', '파으리바게뜨', 이런 식이다.

이것은 단어 하나가 가진 힘을 잘 보여준다. 사람은 언어로 생각한다. 언어로 생각을 주고받는다. 언어가 바로 생각이고 소통이다. 언어는 단어로 구성되기 때문에, 단어 하나를 어떻게 선정하느냐가 전체적인 생각에 영향을 미친다. 가령 명품은 갖고 싶은 것이지만, 사치품은 나쁜 것이다. 300만 원짜리 핸드백은 명품일 수도 있고, 사치품일 수도 있다. 그것을 어떻게 부르느냐가 그것에 대한 생각을 좌우한다. 단어가 우리의 생각을 결정하는 것이다.

단어가 아이디어를 만들고 비즈니스를 만드는 사례를 워킹화에서 찾아보자. 프로스펙스에서는 워킹화라는 개념을 창출하여 큰 성공을 거두었다. "걸을 때에는 러닝화 대신 워킹화를 신으세요"라는 말로 소비자들을 끌어당겼다. 도시에서 출퇴근하며 일상생활을 할 때는 달리는 운동을 하기 위해 만들어진 러닝화보다 걷기에 최적화된 워킹화가 더 적합하다는 것이었다.

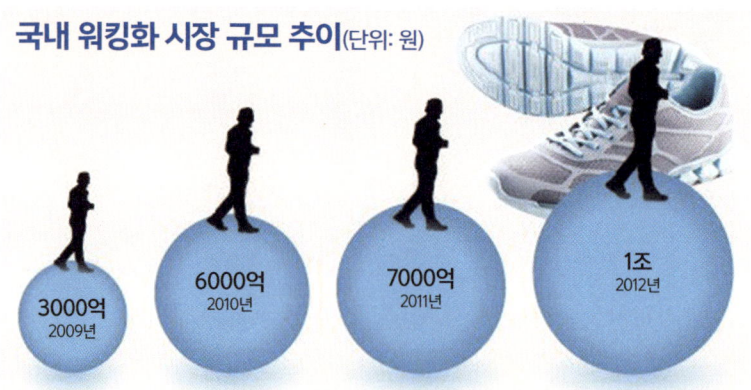

국내 워킹화 시장 규모 추이(단위: 원)

3000억
2009년

6000억
2010년

7000억
2011년

1조
2012년

자료: 부산경제진흥원 신발산업진흥센터

　　워킹화가 1조 원이 넘는 시장을 창출하는 데는 워킹화라는 단어의 힘
이 크게 작용했다고 본다. 사실 일반 소비자가 러닝화와 워킹화의 차이
를 어떻게 구별하겠는가? 그 단어가 주는 느낌에 이끌리는 것이다.

　　마케팅을 하는 사람은 특히 단어에 민감해야 한다. 앞에서 말한 것처
럼 소비자에게 어필하기 위해서는 단어를 잘 선택하여 제시해야 한다.
우리에게 필요한 아이디어를 단어를 통해 만들어보자. 특정 단어를 부
각시키며 생각하는 것도 좋은 방법이다.

본질이 아닌 것에
신경 써보자

2012년 히트 상품의 하나는 진동파운데이션이었다. 진동파운데이션은 화장품과 진동 기계를 연결시킨 것으로, 미세 진동을 이용하여 화장을 하게 한다. 미세 진동을 이용하면 손으로 직접 바르는 것보다 고르게 화장이 되고, 청결과 편리함이 부각되면서 여성들에게 인기를 끌었다. 홈쇼핑에서 선풍적인 인기를 끌자, 많은 회사에서 다양한 제품을 출시했다.

화장품의 본질은 화장품 자체가 좋아야 한다. 탁월한 연구와 좋은 원료를 바탕으로 피부에 좋은 화장품을 만드는 것이 화장품 회사의 경쟁력이다. 여기서 진동 기능은 화장품의 본질이 아니다. 그런데 진동파운데이션을 히트시킨 것은 본질인 파운데이션이 아니라 부가적인 진동 기계였다. 이렇게 본질적인 것이 아닌 부가적인 것이 핵심 경쟁력이 되기도 한다.

아이디어를 고민할 때는 핵심과 본질에 집중하게 된다. 하지만 가끔은 부가적인 것에도 관심을 가져보자. 때로는 없어도 그만이라고 생각했던 것이 특별한 역할을 하면서 사람들의 마음을 사로잡기도 한다. 그러다 보면 어느 순간 없어서는 안 될 핵심적인 것이 되기도 한다.

내가 어렸을 때 동네에는 구멍가게가 어디에나 있었다. 지금은 대형 슈퍼마켓도 있고 편의점도 많지만, 예전에는 동네 구멍가게에서 필요한 물건들을 다 샀다. 유독 장사가 잘되는 가게가 있었다. 지금 생각해 보면, 그 가게가 잘되었던 것은 가게 앞에 있던 평상 덕분이었다. 가게 앞을 지나던 사람들이 평상에 앉아 잠시 쉬기도 하고, 아는 사람을 만나면 수다를 떨기도 했다. 이렇게 평상을 중심으로 사람들이 모이다 보면 과자를 사먹기도 하고 여름철에는 아이스크림을 사먹기도 한다. 때로는 라면 하나를 사더라도 평상에서 누군가를 만날 수도 있다는 기대감에 다른 가게가 아닌 그 가게로 가게 된다.

본질이 아닌 주변에 집중한 또 다른 사례를 소개한다.

위의 사진은 벨기에에 있는 디너 인 더 스카이(Dinner in the sky)라는 공중 레스토랑이다. 지상에서 50미터 높이에 자리 잡은 그 식당에는 총 22개의 좌석이 있다. 각 좌석에 앉은 손님은 안전벨트를 매고 간신히 발판에 발을 올려놓고 식사를 한다. 처음에는 아찔하지만 약간의 시간이 지나면 높은 곳에서 주변 경치를 감상하며 즐겁게 식사를 할 수 있다. 식당의 본질은 맛있는 음식이지만 부가적인 독특한 경험을 제공하여 사람들에게 인기를 끌자 비슷한 공중 식당이 다른 곳에도 하나둘씩 생기고 있다. 이처럼 본질이 아닌 부가적인 요소도 충분히 차별화된 가치를 제공할 수 있다.

Recipe 30

핵심을 빼보자

아이디어를 얻기 위해서는 기존의 것과 다른 무엇인가를 해야 한다. 가장 위험하면서도 가장 독특한 아이디어를 얻는 사고실험 은 핵심을 빼보는 것이다.

가령 빵을 만든다고 생각해보자. "빵을 만드는 데 가장 중요한 것은 무엇인가?" 또는 "빵을 만드는 데 없어서는 안 되는 것은 무엇인가?" 를 질문해본다. 어떤 사람은 '밀가루'라고 대답할 것이고, 어떤 사람은 '이스트'라고 할 것이다. 어떤 사람은 오븐이 필요하다고도 할 것이다. 그것들을 빼고 빵을 만들어보는 것이다. 밀가루 대신 감자나 고구마 전 분으로 빵을 만들어본다. 또는 이스트를 넣지 않고 발효시키기 위해 막 걸리를 이용하는 빵을 만들어본다. 또는 오븐을 사용하지 않고 다른 방법으로 빵을 굽거나 쪄서 만들어본다. 그 결과 독특하고 기존에는 없던 빵을 만들 수 있다. 이처럼 중요한 핵심을 빼고 다른 방법으로 만들어 보면 독특하고 새로운 아이디어가 나올 수 있다.

2014년 8월, 《파이낸셜 타임스》에 창문 없는 비행기가 영국에서 개발 중이며 10년 안에 상용화될 것이라는 기사가 실렸다.

창문 없는 비행기를 개발 중인 프로세스 혁신 센터(Centre for Process Innovation : CPI)가 제시하는 콘셉트를 보면, 창문이 있던 위치에 얇은 플라스틱 디스플레이를 설치하여 외부 카메라가 촬영한 영상을 실시간으로 보여주기 때문에 더욱 실감나게 바깥 풍경을 감상할 수 있다고 한다.

최근에 개발 중인 자동차에는 사이드 미러가 없다. 운전자는 사이드 미러 대신에 카메라를 통해 차 뒤편을 볼 수 있다. 사이드 미러는 공기의 저항을 받는데, 이것을 없애면 이로 인한 연료 소비를 줄이고 차를 더 빨리 달리게 하기 때문이다.

무엇이든 핵심이 있다. 가장 중요한 것, 꼭 필요한 것이 있다. 그 핵심을 빼보는 것이다. 그렇게 할 수 있다면 그만큼 획기적인 것이 된다. 어떤 호텔은 호텔 서비스를 확 뺐다. 자동화 시스템을 갖추어 손님이 직접 체크인과 체크아웃을 한다. 객실 청소도 거의 하지 않는다. 이 호텔은 그렇게 서비스를 빼서 가격을 낮춤으로써 배낭 여행객들의 명소가 되고 있다.

내가 지금 고민하고 있는 상품이나 서비스에서 가장 중요한 것, 꼭 필요한 것을 과감하게 빼보라. 그것을 빼고 상품이나 서비스를 만들어 보라.

20:80을
생각해보자

원인의 20퍼센트가 결과의 80퍼센트를 만든다. 20:80 법칙이다. 원인, 투입량, 노력의 20퍼센트가 결과, 산출량, 성과의 80퍼센트를 만든다는 것이다. 이탈리아의 경제학자 파레토에 의해 소개되어 파레토의 법칙이라고도 부른다. 20:80 법칙의 핵심 메시지는 불균형이다. 이런 불균형은 자연스러운 현상이고 다양한 곳에서 관찰할 수 있는 사회적인 현상이라고 한다. 그래서 우리가 다른 사람들은 발견하지 못한 이런 불균형을 찾을 수 있다면 거기에 큰 기회가 있을 것이다.

자동차에서 20:80의 불균형을 찾은 BMW의 사례를 살펴보자. 자동차의 생명은 강력한 엔진이다. 자동차는 달리기 위해 태어났다('Born to drive'). 그러나 이러한 상식을 다른 관점에서 바라본 사람이 있다. BMW의 수석 디자이너였던 크리스토퍼 뱅글(Christopher Bangle)이다.

어느 날 그는 이렇게 생각했다. "자동차는 자기 인생의 20퍼센트의 시간만 달리고, 나머지 80퍼센트의 시간은 서서 보낸다. 따라서 달리는 것보다 서 있을 때 멋진 모습을 보여주는 것이 더 중요하다." 이것은 자동차에 관한 생각의 전환이었다. 그는 차체 디자인에 집중하기 시작했다.

BMW는 1916년부터 항공기 엔진을 만들던 회사다. 2차 세계대전에서 독일이 패망하고 비행기와 같은 전쟁 무기를 만들지 못하게 되자 자동차에 주력하기 시작했다. 따라서 BMW의 강점이자 자랑은 강한 엔진, 튼튼한 차체였다. 그러나 크리스토퍼 뱅글은 관점을 전환하여 자동차 디자인에 집중한다. 그렇게 새로운 디자인을 바탕으로 그전에는 BMW가 넘볼 수 없는 거대한 산이었던 벤츠(Benz)를 앞질러 업계 1위로 올라선다. 벤츠는 성공한 사람이 타는 차라는 이미지를 내세워 자동차 업계에서 확고한 1위를 지키던 회사였다. 남들이 모두 강한 엔진, 달리기 위해 태어난 자동차를 보고 있을 때, 관점을 전환하여 서 있을 때 멋진 디자인의 차를 경쟁력으로 내세운 BMW의 전략이 통했던 것이다.

20:80 법칙은 다양한 영역에 적용할 수 있다. 가령 프레젠테이션을 한다면 상대가 아는 이야기 80퍼센트, 모르는 이야기 20퍼센트의 조합이 좋다. 그래야 이해하기 쉽고 새로운 20퍼센트를 참신하게 받아들이

게 된다. 어떤 일을 할 때는 이론적인 것 20퍼센트, 실행적인 것 80퍼센트로 구성하는 것이 좋다. 이론보다는 실행이 중요하기 때문이다. 배울 때에도 책으로 배우는 것 20퍼센트, 경험으로 배우는 것 80퍼센트가 되도록 한다. 이성과 감성의 비율, 합리성과 계획성, 도전 정신과 창의성의 비율도 80:20이 적당하다. 합리적이고 예상 가능한 것을 80퍼센트 정도 추구하고, 도전적이고 불확실한 상황을 20퍼센트 정도 가져가는 것이 좋다.

나의 일에도 20:80을 생각해보자. 나의 문제에서 20퍼센트를 차지할 것과 80퍼센트를 차지할 것에 대해 고민해보고, 때로는 20:80의 비율을 80:20으로 바꿔도 보자. 세상의 모든 것은 불균형하게 존재한다. 나의 일에도 불균형이 정상이다. 다양한 불균형을 생각하며 나에게 필요한 아이디어를 만들어보자.

Recipe 32

감정을
끌어당겨보자

천연 다이아몬드는 탄소(C)가 최고로 압축된 형태다. 지구 표면에서 약 150킬로미터 아래에 있는 맨틀에서 지표의 3만 배 압력과 섭씨 400도의 고온에서 만들어진다. 석탄을 압축하면 다이아몬드를 만들 수 있다는 사실은 잘 알려져 있다. 하지만 그런 방식으로 다이아몬드를 만들지는 않는다. 왜냐하면 열과 압력을 가하는 데 들어가는 비용이 다이아몬드보다 비싸게 들기 때문이다. 그런데 이렇게 사업성이 없는 사업에 뛰어들어 큰 성공을 거둔 회사가 있다. 바로 '메모리얼 다이아몬드'를 만든 스위스의 회사 알고르단자(Algordanza)다.

메모리얼 다이아몬드(Memorial Diamond)는 한마디로 사람의 유골로 만든 보석이다. 죽은 사람의 뼈 약 500그램(성인 유골분의 25퍼센트 정도)을 열처리하여 불순물을 제거하고 탄소를 추출한 후, 탄소에 섭씨 1300도 온도와 55Gpa의 압력을 가해 다이아몬드로 만든다. 사랑하던 사람의 뼈로 만든 다이아몬드를 소장하고 싶은 사람들이 이 메모리얼 다이아몬드를 위해 기꺼이 돈(0.3캐럿: 400만 원, 0.4~0.7캐럿: 1300만 원 정도)을 지불한다고 한다. 사랑하는 사람과의 추억을 간직하고 싶다는 감성을 이성적인 방법으로 접근한 것이다. 다이아몬드를 만드는 사업은 이성적인 접근으로는 수지가 맞지 않는다. 그래서 그 사업에 뛰어드는 회사가 없었다. 하지만 감성적으로 접근하여 메모리얼 다이아몬드라는 새로운 사업 기회를 만들어냈다.

이런 퀴즈를 들어봤을 것이다.

"영국에서 프랑스까지 가장 빨리 가는 방법은?"

영국에서 프랑스로 가기 위해서는 비행기를 탈 수도 있고, 쾌속정을 탈 수도 있고, 도버 해협의 해저터널을 지나는 초고속열차 유로스타를 탈 수도 있다. 하지만 정답은 "친구와 함께 간다"이다. 친구와 함께 가면 시간 가는 줄 모르기 때문이다. 이런 퀴즈도 감성에 초점을 맞추어 만들어졌다. 지금 고민하고 있는 문제에 감성적 접근 방법으로 아이디어를 만들어보자.

감성의 힘은 생각보다 크다. 영국의 신경학자 도널드 칸(Donald Calne)의 말을 기억하자. "감성과 이성의 근본적인 차이는, 이성은 결론을 낳지만 감성은 행동을 낳는다는 데 있다."

J.P. 모건은 이렇게 말하곤 했다. "사람이 어떤 결정을 내릴 때에는 두 가지 이유가 있다. 합당한 이유와 진짜 이유." 여기서 말하는 진짜 이유는 감성에 의한 결정이다. 감성은 생각보다 먼저 일어나고 더 빠르게 움직인다. 사람의 감성을 끌어당기는 아이디어와, 감성을 통해 만들어지는 아이디어는 그래서 언제나 강력한 힘을 발휘한다.

롤렉스 회장의 감성적인 일화 하나를 소개한다. 100년에 2초 이상 틀리지 않는 정확성, 철저한 장인정신, 전 세계 어디서나 동일하게 받을 수 있는 애프터서비스 등을 자랑하는 롤렉스 시계는 세계적인 명품으로 손꼽힌다. 어느 날 롤렉스 시계의 회장이 친구와 저녁을 먹고 있는데 갑자기 친구가 이렇게 물었다.

"자네 요즘 시계 장사 잘되는가?"

친구의 질문에 회장은 심드렁한 표정으로 대답했다.

"시계? 글쎄. 그걸 내가 어찌 아나? 내가 모르는 분야라네."

친구는 그 말을 듣고는 어이없다는 듯 웃음을 터뜨리며 되물었다.

"아니, 세계 최고의 시계를 파는 자네가 시계를 모르면 누가 안단 말인가?"

그러자 롤렉스 회장이 고개를 들며 말했다.

"무슨 소리인가? 난 시계 장사가 아니라 보석 장사를 하는 사람일세."

걷다가
아이디어를 만나자

우리는 길거리를 걸으며 카메라로 영상을 찍듯이 세상을 본다. 우리의 눈은 카메라 앵글과 같다. 그런데 실내에 고정된 카메라로는 새로운 풍경을 담지 못한다. 새로운 풍경이나 다른 사람들의 모습을 담기 위해서 우리는 카메라를 들고 밖으로 나간다. 그런 것처럼 다양한 세상의 모습을 담으려면 밖으로 나가야 한다. 복잡한 도시를 걸어도 좋고, 동네 뒷산을 올라도 좋다. 나의 두 눈이라는 카메라에 다양하고 새로운 모습을 많이 담아보자. 그렇게 하는 과정에서 새로운 아이디어를 만나게 된다.

복잡한 도시에서 다른 사람들의 모습을 여유롭게 보는 것도 좋다. 감정이입을 해서 그들의 삶을 이해해보는 것은 더욱 좋다. 그렇게 나의 눈에 들어오는 모든 것들이 나에게 새로운 자극을 주고, 잠자고 있던 감수성이나 감각을 일깨우기도 한다. 산에 오르는 것도 좋다. 말없이 걸으면서 마음을 비우다 보면, 일상의 굴레에서 벗어나게 되고 고정관념도 사라지게 된다. 마음이 상쾌해지면서 새로운 아이디어를 발견하게 된다.

걷다 보면 에너지가 생긴다. 좋은 기운이 내 몸에 들어오기도 하고, 죽어 있던 감각이 되살아나기도 한다. 생리적으로 보아도 걸으면 신선한 산소가 몸속에 들어오고 활기가 넘치게 된다. 그렇게 몸의 컨디션이 바뀌면 감성이나 감각, 그리고 생각도 자극을 받게 된다. 그럴 때 새로운 아이디어도 만나게 된다.

혼자서 걷다 보면 자신과 대화를 하게 되고 사색하게 된다. 사색을 통해 새로운 마음과 새로운 생각을 갖게 된다. 친구나 동료들과 대화를 하면서 아이디어를 교환할 때는 대부분 앉아 있는 상태다. 걸으면 앉아 있을 때와는 다른 몸 상태가 된다. 아이디어를 찾기 위해 책상 앞에 앉아만 있었다면, 때때로 자리에서 일어나 밖으로 나가 걸어보자. 걸으며 아이디어를 만나보자.

둘로 나눠서
반대편을 보라

1991년에 일본 아오모리현에 거센 태풍이 몰아쳤다. 그 바람에 사과농장은 쑥대밭이 되었다. 농부들의 한숨과 탄식은 깊어만 갔다. 수확을 앞둔 사과의 90퍼센트가 땅에 떨어졌다. 희망을 잃고 망연자실해 있던 농부들에게 마을 이장이 제안을 했다.

"우리에게는 아직 10퍼센트의 사과가 남아 있습니다. '시험에 절대 떨어지지 않는 합격사과'라는 브랜드로 사과를 팔아봅시다."

다들 태풍으로 떨어진 90퍼센트의 사과를 보며 절망하고 있을 때, 마을 이장은 태풍에도 떨어지지 않은 10퍼센트의 사과를 본 것이다. 그 10퍼센트의 사과는 모진 비바람에도 떨어지지 않았으니 정말 강한 생명력의 대명사가 아닌가. 태풍에도 떨어지지 않은 아오모리 사과에서 시험에 절대 떨어지지 않는 사과라는 아이디어를 떠올렸다. 사과를 20~30개씩 큰 상자에 넣어서 팔던 것을 작은 상자에 담아서 10개 또는 5개씩, 작게는 2개씩 포장했다. 그리고 특별한 사과인 만큼 보통 사과의 10배 가격을 붙였다. 많은 사람들이 대학 입시를 앞둔 친척이나 친구에게 선물하면서 합격사과는 큰 인기를 끌었다. 아오모리 농부들은 태풍으로 입은 재산 피해를 모두 만회할 수 있었다고 한다.

지금 생각을 집중하고 있는 곳의 반대편을 보는 것도 아이디어를 만드는 방법 중 하나다. 미국의 사우스웨스트 항공은 다른 항공사들이 비행기를 이용하는 고객에게 관심을 집중할 때, 비행기를 이용하지 않고 버스나 기차를 타는 사람들에게 관심을 가졌다. 그리고 그들이 왜 비행기를 이용하지 않는지를 고민했고, 그 결과 버스나 기차 수준의 요금으로 이용할 수 있는 서비스를 제공했다. 고객이 아닌 비고객에게 집중한 것이 사우스웨스트 항공의 성공 비결이었다.

지금 내가 고민하고 있는 것의 반대편을 보라. 거기에 기회가 있다. 여성 고객을 상대하는 상품과 서비스라면, 남성 고객에게서 아이디어를 찾아보라. 성인을 위한 서비스를 하고 있다면, 어린아이들을 생각해보라. 감성적인 제품을 팔고 있다면, 이성적이고 합리적인 가격을 고려해보자. 이렇게 반대편을 보는 것이, 고정관념에서 벗어나 새로운 생각을 하게 한다.

직장 상사를 매우 싫어하는 사람이 있었다. 그는 회사도 만족스럽고 다른 동료들과도 다 원만하지만, 직속 상사 때문에 회사를 옮겨야겠다고 생각했다. 그는 헤드헌팅 업체에 이력서를 보내려고 했다. 그때 그의 고민을 잘 알고 있던 동료가 이렇게 말했다. "네 이력서를 보내는 것보다 상사의 이력서를 헤드헌팅 업체에 보내면 어떨까? 너 말고 그 상사를 다른 곳으로 날려보내는 거지!"

Recipe 35

적절한 질문을
만들어보자

"모든 일에 질문을 던지는 성격 덕분에 지금의 성공을 이룰 수 있었다. 나는 통념에도 의문을 품었고, 전문가들의 말에도 질문을 던졌다. 이 때문에 부모님과 선생님들이 많이 애먹었다. 그러나 이는 인생에서 꼭 필요한 성격이다."

오라클의 창업자 래리 엘리슨(Larry Ellison)의 말이다. 그는 질문하는 것이 중요하다고 강조한다. 우리가 찾는 아이디어도 마찬가지다. 질문이 중요하다. 때로는 우리가 고민하는 것을 조금 다르게 질문해보자. 그렇게 하면 생각지 못했던 아이디어가 나오기도 한다.

1960년대 소련에서 달 표면에 무인 우주선을 보내는 계획을 세웠다.

달의 모습을 촬영하여 지구로 전송하는 것이 임무였다. 그러기 위해서는 달 표면을 비출 전구를 우주선 바깥쪽에 달아야 했다. 그런데 모의 실험을 해보았더니, 아무리 강한 유리를 사용해도 달에 착륙하는 순간 충격에 의해 전구가 깨지곤 했다. 과학자들은 이 문제를 해결하기 위해 더욱더 강력한 유리를 만들려고 노력했다. 하지만 만족스러운 결과가 나오지 않았다. 프로젝트를 진행하던 팀이 이 문제로 고민하고 있을 때, 한 유명한 박사가 이렇게 물었다. "왜 전구에 유리가 필요하죠?"

전구의 유리는 전구 내면을 주위의 공기와 차단하는 기능을 한다. 공기와의 접촉으로 필라멘트가 빠르게 산화되는 것을 막기 위해서 전구에 유리를 씌우는 것이다. 유리로 공기 접촉을 막고 대신 반응성이 적은 기체를 채워 넣는다. 그런데 우주에는 당연한 얘기지만 공기가 없다. 그러니까 필라멘트를 싸고 있는 유리가 없어도 된다는 이야기다. '왜?'라는 질문이 바로 문제를 해결했다. 우리도 자신의 일에 '왜?'라는 질문을 던져보자.

다양한 질문을 해보아야 한다. 그중에 적절한 질문이 있다면, 아이디어는 쉽게 만들어진다. 1984년 텍사스 의과대학 1학년에 다니던 18세의 마이클 델(Michael Dell)은 어느 날 "왜 PC 가격은 부품들의 가격을 합친 것보다 5배나 비싸지?"라는 질문을 했다.

이 의문에 합당한 답을 찾은 그는 단돈 1000달러로 직접 판매 방식(direct marketing)의 델 컴퓨터를 창업했다. 고객 직접 맞춤 PC를 생산하며 그는 27세에 최연소 세계 500대 부자, 40세 미만 세계 최고 부자 등의 지위를 얻었다.

에드윈 랜드(Edwin Land)는 어린 딸과 해변에서 놀다가 사진을 찍었다. 사진을 빨리 보고 싶었던 딸이 에드윈 랜드에게 물었다. "아빠, 왜 사진은 찍으면 바로 볼 수 없나요?" 딸의 질문을 무심코 넘기지 않은 에드윈 랜드는 그 답을 찾아보기로 했다. 그렇게 해서 탄생한 것이 폴라로이드 사진기다.

이렇게 질문의 힘은 막강하다. 질문이 있어야 답도 있다. '왜?'라는 질문이 문제 해결의 시작이다.

콘셉트를
생각하자

새로운 것을 창조하는 일은 콘셉트(concept)를 잡는 것에서 출발한다. 콘셉트를 잡으면 아이디어는 저절로 따라온다. 예를 들어 카페의 내부 장식을 한다고 생각해보자. 당신은 어떤 등을 달지, 어떤 창을 달지를 개별적으로 결정하겠는가? 먼저 카페의 전체적인 콘셉트를 정할 필요가 있다. 고풍스러운 분위기를 낼지, 모던한 느낌을 강조할지 등의 개념을 잡아야 한다. 가령 "지중해의 어느 마을에 온 것 같은 낭만적인 느낌을 주자"와 같은 콘셉트를 창조하는 것이다. 이렇게 하나의 콘셉트를 정하고 나면 창, 문, 등은 어떤 디자인이 어울릴지 자연스럽게 생각할 수 있다.

영어 단어 concept는 con+cept로 구성되어 있다. con은 여럿이 모여서 하나가 되는 것의 의미로 보면 된다. 콘셉트를 잡는다는 것은 일관성과 통일성을 만드는 것이다.

예를 들어 마케팅을 하고 싶은 사람이라면 상품의 장점을 나열하고 싶을 것이다. 더 많은 장점을 소비자에게 알리고 싶을 것이다. 하지만 100가지 장점을 늘어놓는 것보다는 임팩트 있는 콘셉트를 창출하여 어필하는 것이 효과적이다. 그것이 더 강력한 힘을 발휘한다. 아이디어를 만드는 것도 마찬가지다. 100가지 아이디어보다 임팩트 있는 하나의 콘셉트가 더 효과적이다. 그렇게 강력한 콘셉트를 만들면 부분적으로 필요한 아이디어는 자연스럽게 따라오게 마련이다.

다음 사진은 아디리(Adiri)라는 회사의 젖병이다. 맨 오른쪽은 일반적인 젖병이다. 두 제품을 비교해보자. 아기는 어느 쪽을 엄마의 진짜 젖과 비슷하게 느낄까? 분명 아디리의 젖병일 것이다. 두 제품을 비교해보면 아디리의 젖병은 아기를 위한 디자인이고 일반 젖병은 엄마를 위한 디자인이다. 아디리는 '아기를 위한 젖병'이라는 새로운 콘셉트를 창조한 것이다.

 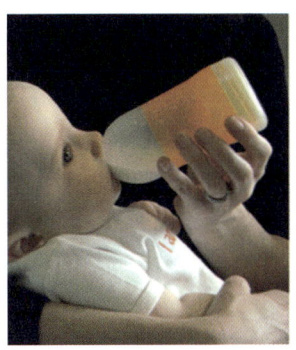 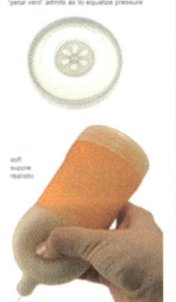 

엄마를 위한 디자인은, 표면을 플라스틱과 같은 것으로 처리하면 가격을 낮출 수 있다. 반면 아기를 위한 디자인은 표면에 특수한 처리를 해서 가격이 올라가지만 아기가 진짜 엄마 젖을 만지는 듯한 느낌을 준다. 기존의 젖병은 아기가 울면 엄마가 쉽게 젖병 뚜껑을 열어서 아기에게 물릴 수 있다. 이에 비해 아기를 위한 디자인은 밑동을 열어서 우유를 타야 하기 때문에 엄마에게는 다소 불편하다. 그럼에도 아기에게 초점을 맞추었기 때문에 우유가 일정한 온도를 오래 유지해서 아이가 식은 우유를 먹고 배탈이 나거나 설사하는 일이 없어진다.

아디리 젖병은 아기를 위한 젖병이라는 콘셉트를 창조하고, 거기에 몇 가지 임팩트를 넣은 좋은 사례다. 콘셉트는 아이디어를 낳는다. 콘셉트를 창조하면 아이디어가 자연스럽게 따라온다. 따라서 아이디어를 만들고 싶다면 먼저 콘셉트를 창조하는 것이 필요하다.

청바지를 생각해보자. 우리가 이미 잘 알고 있는 이야기다. 리바이스 창업자인 리바이 스트라우스는 독일에서 온 이민자였다. 그는 돈을 벌기 위해 샌프란시스코의 황금 광맥을 찾아갔다. 그곳에서 직접 금을 캔 것이 아니라 광부에게 천막이나 마차에 필요한 질긴 범포 천 등의 직물을 팔았다. 어느 날 그는 광부들의 바지가 쉽게 해지는 것을 보고 질기고 튼튼한 작업 바지를 만들어야겠다고 생각했다. '잘 찢어지지 않는 튼튼한 바지'라는 콘셉트를 생각한 것이다. 그는 예쁜 바지도, 편한 바지도, 멋진 바지도 아닌 찢어지지 않는 바지에 집중했다. 심지어 찢어지면 새것으로 교환해준다고 약속까지 했다. 양쪽에서 말이 끌어 잡아당겨도 찢어지지 않을 정도로 질기다는 것을 바지 뒤편 가죽패치에 담아 강조했다.

리바이 스트라우스가 '찢어지지 않는 바지'라는 콘셉트를 만든 것처럼, 아디리에서 '아기를 위한 젖병'이라는 콘셉트를 만든 것처럼, 지금 내가 고민하는 것의 콘셉트를 만들어보자. 고객이 바라는 것은 무엇인지, 사람들에게 호소할 수 있는 나의 콘셉트는 무엇인지, 내가 좋아하고 전달하고 싶은 콘셉트는 무엇인지 고민해보자. 먼저 콘셉트를 찾아야 한다. 강력하게 어필할 수 있는 콘셉트가 만들어진다면 우리에게 필요한 아이디어는 자연스럽게 따라오게 되어 있다. 콘셉트가 먼저다.

명품을
생각해보자

호주에 빅터처칠(Victor Churchill)이라는 정육점이 있다. 빅터처칠의 매장 인테리어는 천장부터 내부 마감재까지 고급 백화점을 연상시킨다. 마치 루이비통이나 버버리 같은 명품 매장의 느낌을 준다.

1876년에 영업을 시작한 빅터처칠 정육점은 최고 품질의 고기를 판매한다. 고기 가격이 일반 정육점에 비해 30퍼센트 정도 비싸지만, 단골로 오는 유명인사들도 적지 않고 매년 수만 명의 사람들이 빅터처칠 매장을 방문한다고 한다.

　빅터처칠이 단순히 고급스러운 인테리어만으로 고객을 사로잡은 것
은 아니다. 인테리어보다 고객에게 더 강하게 어필하는 것은 품질이다.
빅터처칠의 직원들은 모두 세계 요리대회 수상자들이며 요리에 조예
가 깊은 전문가들이다. 높은 경쟁률을 뚫고 입사한 직원들은 높은 임금
을 받으면서 각종 첨단 장비로 고기의 육질과 요리를 연구할 수 있다고
한다.

　명품이라고 하면 유명 브랜드의 가방이나 값비싼 시계가 떠오른다.
하지만 우리가 제공하는 상품이나 서비스도 명품이 될 수 있다. 명품을
생각하며 아이디어를 만들어보자. 한 가지 명심할 것은 무조건 가격이
비싸다고 명품이 되는 것은 아니라는 점이다. 명품은 완벽을 추구하는
장인 정신으로 만들어진다.

페라가모라는 명품 구두 브랜드가 있다. 페라가모 창업자 살바토레 페라가모는 고향에서 열세 살 때 구두 가게를 열었다. 일찍부터 구두에 관심이 많았던 페라가모는 스물두 살에 미국으로 유학을 가서 인체해부학을 공부했다. 의사가 되기 위해서가 아니라, 사람의 발에 더 편안한 구두를 만들기 위해서였다. 그는 단지 발에 신는 구두가 아니라, 맨발로 두꺼운 카펫 위를 걷는 느낌을 주는 구두를 만들려고 했다. 사람은 직립했을 때 몸 전체의 체중이 발의 중심에 쏠린다는 것을 감안하여 페라가모 디자인을 만들었다. 그는 구두 한 켤레를 만드는 데 134개의 공정을 설정하고 중요한 부분은 반드시 수작업을 했다. 이런 노력이 명품 구두 페라가모를 만들었다.

2014년에 〈인터스텔라〉라는 영화가 선풍적인 인기를 끌었다. 이 영화가 인기를 끌었던 것은 아인슈타인의 상대성 이론이나 웜홀, 블랙홀 같은 현대 물리학이 영화에 잘 녹아 있기 때문이다. 매우 어려운 물리학 개념을 영화에 자연스럽게 녹이기 위해 대본을 쓴 조나단 놀란은 4년 동안 캘리포니아 공과대학을 다니면서 물리학을 배웠다고 한다. 단순히 몇 명의 전문가에게 조언을 듣고 대충 이해하는 데 그치지 않고 제대로 현대 물리학을 이해하고 나서 대본을 쓴 것이다. 이런 노력이 명작을 만들어냈다.

우리가 제공하는 상품이나 서비스도 명품으로 만들어보자. 유명 가방이나 시계도 처음부터 명품은 아니었다. 그것들도 명품으로 만들어지는 과정이 분명 있었다. 우리가 제공하는 상품이나 서비스가 명품이 되지 말라는 법이 없지 않은가. 명품으로 만드는 방법을 생각해보자. 그런 생각을 하다 보면 꼭 명품은 아니어도 생각지도 못했던 새로운 아이디어를 얻게 된다.

특정 숫자를 중심으로
생각해보자

"신에게는 아직 열두 척의 배가 있습니다."

영화 〈명량〉에서 이순신 장군이 임금에게 하는 유명한 대사다. 두려움과 공포로 전의를 상실하고 절망에 빠져 있던 사람들에게 이순신 장군은 전쟁 의지를 독려한다. 그런데 여기에서 주목해야 할 것은 구체적인 숫자 '열두 척의 배'다. 이순신의 《난중일기》에는 숫자가 자주 등장한다. 예를 들면 다음과 같은 기록들이다.

1594년 1월 24일 산역일로 목수 41명을 송득일이 거느리고 갔다.
1594년 3월 23일 견내량에서 미역 53동을 캐왔다.
1594년 4월 3일 삼도의 군사들에게 술 1080동이를 먹였다.

1594년 6월 7일 오늘 무씨 2되, 5홉을 심었다.

이순신을 연구하는 사람들은 그가 숫자 경영에 능했다고 평가한다. 임진왜란과 같은 절체절명의 위기 때 감정에만 호소하며 부하들을 지휘한 것이 아니라, 정확한 숫자를 바탕으로 리더십을 발휘한 것이다. 피터 드러커는 "측정되지 않는 것은 관리되지 않는다"라고 말하며 경영에서 숫자를 구체적으로 활용할 것을 강조했다. 이렇게 숫자는 경영에서 매우 중요하게 받아들여진다. 아이디어를 만들 때에도 숫자를 활용해보라. 지금 고민하고 있는 이슈에서 중요한 숫자가 있는가? 의미를 부여할 수 있는 숫자는 무엇인가? 어떤 숫자로 은유법을 만들 수는 없는가?

숫자는 사람의 마음을 끌어당기는 힘이 있다. 예를 들어 36.5도를 검색해보라. 사람의 체온인 36.5도를 이용한 많은 제품들과 다양한 마케팅을 볼 수 있다. 19도, 18.5도처럼 숫자를 강조하는 소주 마케팅도 있다. '모나미 153' 볼펜은 성경에 나오는 숫자를 이용했다.

"예수께서 이르시되 지금 잡은 생선을 좀 가져오라 하시니 시몬 베드로가 올라가서 그물을 육지에 끌어 올리니 가득히 찬 큰 물고기가 153마리라. 이같이 많으나 그물이 찢어지지 아니하였더라." (요한복음 21장 10~11절)

수학적으로 153은 다음과 같은 특징이 있다.

$$153 = 1 + 2 + 3 + 4 + \cdots\cdots + 16 + 17$$
$$= 1! + 2! + 3! + 4! + 5!$$
$$= 1^3 + 5^3 + 3^3$$

1에서 어떤 숫자까지 더해서 나오는 수를 삼각수라고 한다. 하나씩 쌓아 올리면 매우 안정된 형태의 삼각형이 된다. 153은 17번째 삼각수인 것이다. 153은 1에서 5의 계승의 합이기도 하다. $5! = 5 \times 4 \times 3 \times 2 \times 1$을 의미한다. 또한 153은 각 자리수의 숫자를 3승한 합으로 만들어지는 특별한 수다. '모나미 153' 볼펜은 1963년 5월 1일에 처음 판매되기 시작하여 현재까지 팔리고 있는데, '모나미'는 이 회사의 상품명이었다. 이 볼펜이 잘 팔리면서 회사 이름을 아예 모나미로 바꾸었다.

이렇게 제품과 직접적인 상관이 없어 보이는 특별한 숫자를 활용하여 제품을 포장하는 것은 숫자가 가진 힘 때문이다. 숫자를 활용해보자. 숫자를 이용하여 어떤 이미지와 은유를 만들어보자.

공원이나 학교 운동장을 뛰어보자

아이디어가 필요할 때는 사무실에 틀어박혀서 시간을 보내게 된다. 사무실에서 너무 많은 시간을 보냈다는 생각이 들 때에는 공원이나 학교 운동장에 가서 달리기를 하는 것도 새로운 아이디어 창출에 도움이 된다. 어떤 문제나 이슈에 대한 아이디어가 필요할 때는 사무실에서 벗어나도 고민거리가 항상 머릿속에 맴돈다. 그럴 때에는 여유 있게 밖에서 달리기를 하는 것이 좋다. 달릴 때에는 우리 몸의 혈액순환이 활발하게 이루어지고, 뇌에 산소가 공급되기 때문에 뇌신경세포들이 더 많은 자극을 주고받게 된다. 따라서 뇌를 자극하고 아이디어를 만드는 데 도움을 준다.

공부와 운동은 전혀 상관이 없는 것처럼 보인다. 운동을 잘하는 사람은 왠지 머리가 나쁘고 공부도 못할 것 같다. 하지만 연구 결과에 따르면 운동은 공부에 도움이 된다고 한다. 뇌세포 사이의 연결, 시냅스를 통해 우리 뇌는 정보를 주고받는다. 운동을 하면 뇌세포 사이에 정보를 주고받는 연결도 더 활발하게 이루어진다. 따라서 새로운 생각, 새로운 아이디어를 떠올리는 데 도움을 준다.

물론 과격한 운동으로 몸을 지치게 하는 것은 좋지 않다. 과도한 운동으로 몸의 근육이 피곤해지면 그 근육의 피곤을 없애기 위해 뇌에 있는 혈액이 빠져나가게 된다. 그렇게 되면 운동이 오히려 머리를 쓰는 일에 좋지 않은 영향을 준다. 가장 좋은 것은 유산소 운동이다. 심장에 부담이 가지 않게 20분에서 30분 정도 달리기를 해보자. 달리기를 하면 몸이 건강해지고 뇌도 건강해진다. 문제 해결이나 아이디어를 위해서 기분 좋게 달리기를 하는 시간을 가져보자.

적정 기술을
생각해보자

아이디어를 만들 때 적정 기술을 생각해보고, 자신의 일에 어떻게 적정 기술을 도입할 수 있는지 생각해보자. 적정 기술이란 주어진 조건에 알맞은 기술이다. 예를 들어 먼 곳까지 가서 물을 길어와야 하는 아프리카의 아이들에게 손쉽게 물을 옮길 수 있는 물통을 만드는 것이 적정 기술이다.

다음의 사진에 나오는 휴대용 정수기도 아프리카 사람들을 위한 적정 기술의 좋은 예다. 아프리카의 많은 사람들이 오염된 물을 마신 탓에 병에 걸린다. 그들에게는 정수기가 필요하다. 그렇다고 선진국에서 사용하는 값비싼 정수기를 살 수는 없다. 저렴한 가격의 정수기가 필요하고, 특히 휴대할 수 있는 정수기가 효과적이다. 이런 사용 목적에 맞게 만들어진 것이 바로 라이프 스트로(life straw)이다.

라이프 스트로는 필터를 교환하는 것과 같은 추가적인 장치 없이, 한 사람이 1년 동안 먹는 용량의 물을 정수할 수 있다고 한다. 15마이크론 이상의 작은 입자도 걸러낼 수 있고, 수인성 박테리아와 바이러스를 거의 99퍼센트 제거한다. 기생충 등 대부분의 오염물질을 걸러내준다. 라이프 스트로는 국제구호단체를 통해 공급되기 때문에 가격이 낮아야 한다. 탁월한 능력에 비해 제조 비용이 2달러 정도여서 비교적 쉽게 보급되고 있다.

이렇게 특정한 상황에 적합한 기능을 제공하는 것이 적정 기술이다. 우리에게 필요한 아이디어도 적정 기술과 같이 만들어지면 좋다.

미국의 한 비누 공장에서 일어난 재미있는 사연을 소개한다. 이 공장은 가끔 포장기계가 오작동해서 비누가 포장 케이스에 들어가지 않고 그대로 기계를 빠져나오기 때문에 빈 케이스가 종종 발견됐다고 한다.

경영진은 이 문제로 외부 컨설팅을 받았는데, 컨설팅 업체는 엑스레이 투시기를 공정에 투입시켜 빈 케이스를 별도로 수거하는 방안을 제시했다. 거기에 들어가는 비용은 컨설팅 비용 10만 달러, 기계 값 50만 달러, 인건비 5만 달러에 이르렀다. 그런데 엑스레이 투시기를 주문하고 기다리는 몇 달 동안 그 문제로 인한 불량률이 제로가 되었다. 어떻게 된 일인가 알아보니 최근 입사한 신입사원이 집에서 선풍기를 가져와서 포장 라인을 통과하는 빈 케이스를 날려보내고 있었다. 그 비용은 단 50달러밖에 들지 않았다.

이 일화는 지어낸 이야기일 가능성이 높다. 하지만 우리에게 중요한 메시지를 준다. 상황에 적절하게 대처하는 것이 최고의 아이디어를 만든다는 것이다. 그것이 비즈니스다.

과거와 달라진 것을 확인해보자

지식에도 유통기한이 있다. "어제의 지식은 오늘의 쓰레기다"라고 과격하게 말하는 사람도 있다. 상한 우유를 먹으면 배탈이 나는 것처럼, 유통기한이 지난 지식을 잘못 적용하면 큰 손해를 볼 수 있다. 과거에는 중요한 것이었고 꼭 그렇게 해야만 했지만, '지금도 그럴 필요가 있는가?'를 확인해보는 것이 창의적인 아이디어를 만든다.

다음 제품은 필립스의 에어프라이어(airfryer)라는 제품이다. 에어프라이어는 말 그대로 기름이 아닌 공기로 음식을 튀겨내는 제품이다. 에어프라이어는 전기로 뜨거운 열을 만들고 팬을 돌려 그 사이로 공기가 지나가게 하여 뜨거워진 공기가 음식을 튀기게 한다.

이 제품은 과거와 달라진 사람들의 관심을 반영한 것이다. 요즘 사람들의 관심은 단연 건강이다. 살을 빼고 싶어한다. 그런데 튀김 요리는 맛은 있지만 비만의 원인이 된다. 그래서 생각한 것이 기름으로 튀기지 않고 공기로 튀기는 제품이다. 이렇게 요즘 사람들의 관심사를 눈여겨 보면 새로운 아이디어를 얻을 수 있다.

해마다 똑같은 문제를 출제하는 교수가 있었다. 학생들이 교수에게 "왜 매년 똑같은 문제를 내느냐"고 항의했다. 교수의 대답은 이랬다. "문제가 같아도 정답이 달라지니까!" 맞는 말이다. 상황이 달라지고 환경이 변하고 있기 때문에 같은 문제라고 해도 정답이 달라질 수 있다. 어제까지는 정답이었지만 오늘은 정답이 아닐 수도 있고, 어제는 A가 정답이었지만 오늘은 B가 정답이 될 수도 있다. 이렇게 변화를 잘 포착하는 것이 새로운 아이디어를 만드는 첫걸음이다.

날개 길이가 1미터나 되는 잠자리를 생각해보자. 날개 길이가 1미터가 되고, 몸통이 30센티미터가 넘는 거대한 잠자리가 존재할까? 믿기지 않지만, 3억 년 전에는 그런 잠자리가 살았다고 한다. 지금 지구의 공기는 대략 질소 80퍼센트, 산소 20퍼센트의 비율이다. 3억 년 전에는 산소의 비율이 지금보다 훨씬 더 높았다. 높은 산소 비율 때문에 지네나 전갈의 길이가 1미터가 넘었다고 한다. 한마디로 지구의 환경과 조건이 지금과 달랐다.

이렇게 환경과 조건이 달라지면 모든 것이 달라진다. 가령 아주 먼 옛날에 사람이 900살까지 살았다고 하면 순 거짓말로만 들린다. 하지만 먼 옛날의 환경이 지금과 달랐다면 터무니없는 일이 아닐 수도 있다. 다른 환경과 조건에서는 기본적으로 모든 것이 다르다고 봐야 한다. 지금의 기준으로 생각하면 안 된다. 이것은 우리의 현실에도 적용된다. 예를 들어 20대와 40대는 다른 환경과 다른 조건에서 살아왔다. 상대에 대한 이해를 넓히기 위해서는 조건이 다르면 생각도 다르다는 것을 먼저 이해해야 한다.

과거에 통했던 생각이나 방법에 고집스럽게 집착하면 안 된다. 휴브리스(hubris)라는 단어가 있다. 자만, 오만이란 뜻의 그리스어에서 유래한 단어로, 자신이 과거에 성공했던 방법을 고집하다 실패하는 속성을 의미한다. 아놀드 토인비가 인용하며 유명해진 말이다. 그는 성공한 사람이 자신의 능력과 방법을 너무 과신하여 그동안 변화한 환경을 고려하지 않고 과거의 방법을 고집하다가 결국에는 커다란 실패를 맛보게 된다는 뜻으로 휴브리스라는 단어를 사용했다. 역사적으로 그런 일이 많았기 때문이다. 지금 우리도 과거의 방법을 고집하며 현재의 기회를 놓치고 있는 것은 아닌지를 생각해야 한다.

Recipe 42

개념을
모방하자

새로운 아이디를 만드는 가장 효과적인 방법은 기존의 아이디어에서 어떤 개념이나 의미를 가져오는 것이다. 1961년에 존 F. 케네디 미국 대통령은 취임 연설에서 "국가가 나를 위해 무엇을 해줄 것인가를 묻지 말고 내가 국가를 위해 무엇을 할 것인가를 물어라"고 했다. 이는 고대 로마의 철학자 세네카의 명언 "사랑받고 싶다면, 먼저 사랑해야 한다"에서 아이디어를 가져온 것이라고 한다. 이렇게 기존에 있던 아이디어의 의미나 개념을 같은 맥락에서 활용하는 것이 새로운 아이디어를 만드는 방법이다.

우리는 독특한 아이디어를 원한다. 하지만 세상에 없는 독특함이란 없다. 상황에 맞게 내가 그것을 독특한 것으로 만들어가야 한다. 예를 들어 다음과 같은 서비스를 보자.

	Kakao Talk	Line	WhatsApp	WeChat
Company	Kakao	NHN	WhatsApp	Tencent
Country	Korea	Korea	U.S.	China
Date of launch	March 2010	June 2011	May 2009	January 2011
No of users	75million	100million	More than 1billion	3billion
Main markets	Korea	Japan	U.S., Europe	China, Southeast Asia

Source: Each company

누군가 남의 것을 표절하거나 모방했다는 생각이 들 수도 있다. 하지만 어떤 상품이나 서비스도 세상에 없던 것이 아니다. 상황에 맞게 변형하거나 추가하거나 보완할 뿐이다. 우리는 이것을 아이디어를 훔친다고 표현한다. 맞는 말이다. 그런데 기존의 아이디어를 단순하게 훔치는 것보다 훨씬 강력한 것은 개념을 모방하는 것이다. 기존의 아이디어에서 어떤 의미를 찾아서 같은 맥락으로 새로운 아이디어를 만들어야 한다.

색칠하는 책이 인기를 끌고 있다. 이것이 요즘의 트렌드라면 똑같은 '색칠 책'을 출판하는 것이 아니라, 같은 맥락의 다른 책을 고민해야 한다. 예를 들어 시를 옮겨 쓴다거나 경영자의 어록을 옮겨 쓰는 것과 같은 기획이 개념 모방으로 볼 수 있다.

개념을 모방하는 방법은 이렇다. 먼저 구체적인 성공 사례에서 효과적인 개념을 뽑아낸다. 그리고 그 개념을 자신의 상황에 적용할 방법을 생각한다. 그렇게 하다 보면 새로운 아이디어를 얻을 수 있다. 예를 들어 헨리 포드는 정육점에서 고기를 잘라 포장하기까지의 분업 방식을 보고 힌트를 얻었다고 한다. 첫 번째 사람이 갈비살을 잘라내어 옆으로 밀면, 그다음 사람은 등심살을 잘라내고 그다음 사람은 다른 부위를 잘라내는 식의 작업 방식을 자동차에 적용한 것이 컨베이어벨트 시스템이다. 정육점에서 고기를 부위별로 잘라내는 것처럼, 한 사람이 자동차 엔진을 장착하면 그다음 사람이 타이어를 끼우는 식의 분업을 생각한 것이다. 포드는 이러한 자동화로 T형 모델 자동차를 싼값에 대량 생산하여 세계 제일의 자동차 왕이 되었다. 포드 자동차가 도입한 컨베이어벨트 시스템은 오늘날에도 보편적으로 이용되는 방법이다.

이것을 일반적으로 설명하면 이렇다. 먼저 구체적인 성공 사례나 또는 특별한 상황에서 효과적인 개념을 뽑는다. 그렇게 개념을 추출하면 자신의 상황에 적용할 수 있는 아이디어가 자연스럽게 따라온다. 이 과정을 다음과 같이 정리할 수 있다.

① 구체적인 사례를 관찰한다.

② 사례에서 개념을 추출한다.

③ 개념에 맞는 다양한 아이디어를 만든다.

중동에서는 검은 히잡을 쓴 여성들이 야간에 교통사고를 당하는 일이 많았다. 이에 착안한 이란의 디자이너가 야광 무늬가 들어간 '글로우 가디언'이라는 히잡을 만들었다. 교통사고 방지용 히잡이다. 몸에 야광 물체를 착용함으로써 교통사고의 위험을 줄인다는 것이 기본 아이디어다. 이런 아이디어의 개념을 활용한다면 다양한 상황에서 새로운 아이디어를 만들 수 있다.

다음은 남아프리카공화국의 주류회사인 에드워드 스넬이 개발한 컵 받침이다. 컵 받침 뒷면에 스카치라이트가 붙어 있다. 술을 마시고 스카치라이트를 떼어 자신의 몸에 붙이면 빛이 반사되어 어두운 곳에서도 쉽게 눈에 띈다고 한다.

기발하면서도 매우 실용적인 아이디어다. 이렇게 사람들의 생각은

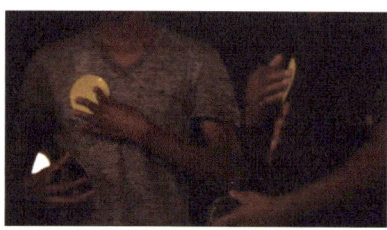
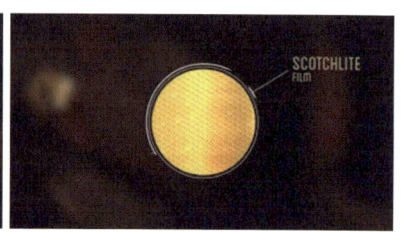

어쩌면 비슷비슷하다. 그만큼 새로운 아이디어를 만드는 가장 쉽고 강력한 방법은 다른 곳에서 아이디어를 가져오는 것이다. 물론 가져올 때에는 자신의 상황에 맞게 변형하는 것이 중요하다.

창조는 개념 모방이라는 것을 기억하자. 아이디어는 '내 것으로 만드는 것'이다. 모방은 창조가 아니지만 창조의 시작이 될 수는 있다. 특히 어떤 것을 단순하게 모방하는 것이 아니라 그것이 작동하는 원리나 의미, 개념을 파악하여 자신의 일에 적용할 수 있다면 그것은 매우 좋은 창조의 기술이다. 특히 자신과 다른 분야에서 또는 다른 업종에서 일하는 사람의 아이디어나 방법의 개념을 뽑아서 자신의 일에 적용할 수 있다면 그것이 바로 창조의 기술이다. 우리의 아이디어도 그렇게 만들어 보자.

불평불만으로
새로운 아이디어를 만들자

"혁신의 원천은 짜증과 화다. 화내는 사람은 익숙한 것에 길들 여지지 않고 분노한다. 이때의 분노가 변화를 만들어내는 에너지 가 된다." 경영 컨설턴트 톰 피터스의 말이다. 그가 말한 것처럼, 불평 불만이 때때로 창조와 혁신의 원천이 된다. 대표적인 사례가 스티브 잡 스다.

스티브 잡스는 이메일을 보내고, 전화 통화를 하고, 노래를 듣고, 웹 서핑을 하는 등의 일상적인 일을 서로 다른 기계로 해야 하는 것에 짜 증이 나고 화가 났다고 한다. 그래서 그는 웹 서핑을 하고 음악을 듣고 전화를 하는 일상적인 일을 하나의 기계로 할 수 있는 제품을 만들었 다. 바로 아이폰이다. 스티브 잡스가 이룬 창조와 혁신의 원천은 불평

불만이었다.

나는 스티브 잡스의 사례를 듣고 이렇게 생각했다. '나는 불편하지 않았는데…….' 일반적으로 화를 내거나 짜증을 내는 것은 좋은 일이 아니다. 그래서 우리는 주어진 것에 불평불만을 늘어놓기보다는 참고 받아들이는 것에 익숙하다. 그것이 더 성숙한 인격이라고 생각하기 때문이다. 하지만 창조와 혁신 그리고 아이디어 발상의 측면에서는 불편함을 인내하는 태도가 발전을 저해할 수 있다. 익숙하다 보면 불편함을 느끼지 못하고 새로운 것에 대한 욕망도 생기지 않기 때문이다.

사람의 감정에는 수동적인 감정이 있고, 적극적인 감정이 있다. 슬픔에 빠지고 걱정에 싸이는 것은 수동적인 감정이고, 불만과 분노를 표출하는 것은 적극적인 감정이다. 심리학자들의 연구에 따르면, 수동적인 감정은 생각을 위축시키고, 적극적인 감정은 생각을 활성화한다고 한다. 적극적인 감정이 사고의 체계성은 떨어뜨리지만, 다양하고 유연한 사고를 하게 한다는 것이다. 그래서 창조와 혁신, 새로운 아이디어를 위해서는 불만이나 분노 같은 적극적인 감정을 활용하는 것이 필요하다.

참고 받아들이는 것보다는 새로운 형태로 개선하고 발전시키는 것이 필요하다면, 때때로 불평불만을 현명하게 이용해야 한다. 나의 인격을 해치지 않으면서 불평불만을 창조의 원동력으로 삼는 방법은 역할 연기를 하는 것이다.

방법은 간단하다. 1시간이나 30분 정도의 시간을 정해놓고, 화를 내
본다. 이때에는 연극을 하듯이 해야 한다. 불평불만으로 가득 찬 사람
의 역할을 연기한다고 생각하고 화를 내고 짜증을 내보는 것이다.

"우리 제품에는 이런 한심한 부분이 있네!"

"우리 회사의 인사제도는 엉망이야!"

"우리 서비스는 돈이 아까워!"

이렇게 30분이나 1시간 정도 역할 연기를 하다 보면 문제점을 발견
하게 되고, 해결하는 방법을 생각하게 된다. 기존의 것에 대한 불평불
만이 새로운 것을 만드는 원동력이 된다는 것을 잊지 말자.

아이들의 생각과 행동에서 아이디어를 찾아보자

신부님이 아이들에게 천국에 관한 이야기를 하고 있었다.

신부님: 천국에 가고 싶은 사람?

아이들: 저요! 저요!

그런데 한 아이는 손을 들지 않았다.

신부님: 애, 너는 천국에 가고 싶지 않니?

신부님의 질문에 아이는 뭐라고 대답했을까?

이 문제의 핵심은 아이가 다섯 살이라는 데 있다. 다섯 살 아이의 눈높이로 생각해야 질문에 답할 수 있다. 아이는 이렇게 말했다고 한다. "엄마가 미사 끝나면 바로 집으로 오라고 했어요."

이렇게 아이들의 입장에서 생각해보는 것이 새로운 관점을 만드는 좋은 연습이 된다. 그런데 때로는 아이들처럼 생각하는 것이 아니라, 그냥 아이와 똑같은 방법으로 생각하는 것만으로도 새로운 아이디어를 만들게 된다. 다음의 왼쪽 사진은 무더운 여름날 아이들이 분수에서 옷이 젖는 것도 아랑곳하지 않고 신나게 놀고 있는 모습이다.

도심에서 물놀이를 즐기는 아이들의 모습은 천진난만하다. 이렇게 공원 분수대에서 뛰노는 아이들의 모습을 보며 디자이너 대니 벤릿(Danny Venlet)은 샤워기 비테오(Viteo)를 개발했다. 비테오는 동그란 판 위에 사람이 올라서면 아래에서 물이 나오는 샤워기다. 수도꼭지도 없고, 샤워꼭지도 없다. 사람이 발판에 올라서면 자동으로 무게를 감지하여 작동한다. 밑에서 올라오는 물줄기가 머리까지 시원하게 적신다.

비테오 샤워기는 하단에 호스를 연결하면 되기 때문에 야외에서도 간단하게 설치할 수 있다. 무게는 11킬로그램으로 휴대도 가능하다. 샤워 시설이 부족한 바닷가나 강가에서 물놀이를 즐긴 후 몸을 씻을 수 있고, 무더운 여름에 아이들이 분수대에 뛰어들듯 집 정원에서도 사용할 수 있다.

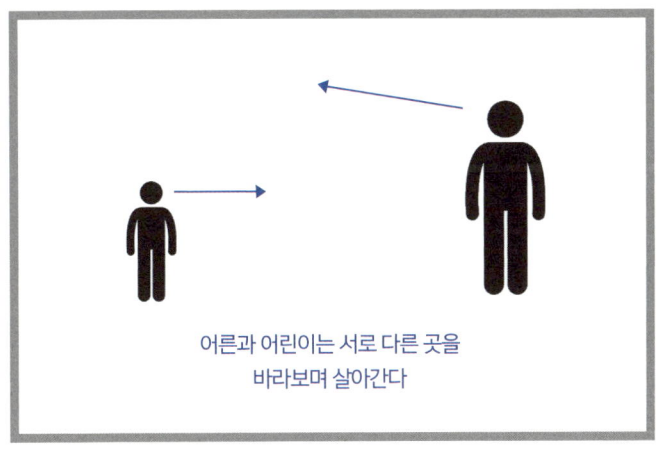

어른과 어린이는 서로 다른 곳을
바라보며 살아간다

비테오 샤워기에서 본 것처럼, 우리는 아이들의 행동에서 아이디어를 찾을 수 있다. 아이들은 다른 사람의 눈치를 보거나 시선을 의식하지 않고 자신이 원하는 것을 솔직하게 드러낸다. 그런 아이의 솔직함이 경직되어 있는 어른의 생각을 열어준다. 특별한 방법으로 새로운 관점을 찾으려고 하기보다, 아이들의 눈높이로 세상을 바라보자.

Recipe 45

원인과 결과를
바꿔보자

원인이 결과를 만든다(원인 → 결과). 그런데 원인과 결과가 뒤바뀌는 경우도 있다. 결과가 원인이 되기도 하는 것이다(결과 → 원인). 이 때문에 원인과 결과를 뒤바꿔보는 것이 필요하다. 대표적인 예가 즐거움과 웃음이다. 우리는 즐거워서 웃는다. 이것을 원인과 결과의 화살표로 표시해보면 '즐거움 → 웃음'이다. 하지만 거꾸로 웃다 보면 즐거워진다는 것이다. 화살표로 표시하면 '웃음 → 즐거움'이다.

원인과 결과가 서로 뒤바뀌는 일은 생각보다 많다. 따라서 우리는 결과가 원인을 만들 수도 있다는 것을 생각해야 한다. 예를 들어 사람들은 영화가 좋아서 영화관에 간다. 그런데 거꾸로 영화관에 자주 가다 보면 영화가 좋아질 수도 있다. 서로 좋아하는 남녀는 자주 만나고 스킨십도 많이 한다는 것의 원인과 결과를 바꿔보면, '좋아하는 감정이 없어도 자주 만나고 스킨십을 하면 좋아하게 된다'이다. 이렇게 거꾸로 뒤집어보면, 결과라고 생각했던 것이 원인이 되는 경우를 많이 보게 된다. 따라서 'A → B'를 뒤집어서 'B → A'를 생각해보자. 원인과 결과를 바꾸는 것에서 특별한 아이디어가 나오기도 한다.

아마존은 세계 최대 전자상거래 회사다. 처음에 아마존이 팔았던 것은 책이다. 온라인으로 책을 파는 회사들은 많았다. 하지만 아마존은 그들과 달랐다. 경쟁자들은 대부분 오프라인 서점에서 책을 판매하던 회사들이었다. 그들은 오프라인에서 팔던 책을 더 많이 팔기 위해 IT 기술을 도입했다. 하지만 아마존은 IT 기술을 기반으로 온라인 판매 시스템을 구축했고, 그 아이템으로 책을 선택했다. 전통적인 오프라인 서점이 비즈니스 전략 수립을 위해 IT 기술의 지원을 받은 것과 달리 아마존은 IT 기술을 바탕으로 온라인 서점이라는 비즈니스 전략을 수립한 것이다. 그들의 게임은 IT 기술 경쟁력이 우위에 있던 아마존의 승리로 끝났다. 이런 관계를 그림으로 표현해보면 다음과 같다.

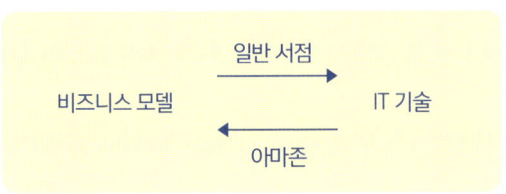

여기서 주목해야 할 것은 전통적인 사업을 하던 회사들이 비즈니스에 도움을 받기 위해 IT 기술을 도입했던 것과 거꾸로, 아마존은 IT 기술을 먼저 확보한 후 그 기술에 적합한 비즈니스 모델을 만들어 사업의 기회를 찾았다는 점이다. 우리는 일반적으로 화살표의 방향을 비즈니스 모델에서 IT 기술 활용으로만 생각하기 쉽다. 하지만 반대로 IT 기술을 활용한 새로운 비즈니스 모델 창출과 같은 방향의 화살표도 가능하다는 것을 알 수 있다.

이것은 어떤 교육회사에서 교육 내용을 더 쉽고 효과적으로 전달하기 위해 어떤 도구를 활용하는 것과, 거꾸로 어떤 효과적인 도구가 발견되면 그것에 맞는 교육 내용을 만드는 것으로 생각할 수 있다. 예를 들어 리더십을 효과적으로 교육할 방법을 고민하던 중 연극을 도입하여 교육 프로그램을 만든 회사가 있다고 생각해보자. 그러면 거꾸로 연극을 하던 사람들이 연극을 어떻게 활용할 것인가를 고민하다가 리더십 교육 프로그램을 만들 수도 있다는 것이다. 우리의 비즈니스에서도 이렇게 화살표의 방향을 거꾸로 뒤집으며 아이디어를 찾아보자.

조건을
바꿔보자

골프 공을 가장 멀리 친 기록은 얼마일까?

골프 공을 가장 멀리 친 기록은 타이거 우즈와 같은 선수가 드라이버로 300미터, 400미터쯤 쳤을 것 같다. 하지만 인류 역사상 가장 멀리 골프 공을 친 사람은 6번 아이언으로 대략 4킬로미터 정도를 쳤다고 한다. 말도 안 되는 소리 같지만 사실이다. 달에서 골프 공을 쳤기 때문이다. 앨런 셰퍼드는 1971년에 아폴로 14호를 타고 달에 갔다. 골프광이었던 그는 아이언 채와 골프 공 2개를 가지고 달에 착륙했다. 그는 달에서 골프를 친 최초의 사람이 되었다.

골프 공을 가장 멀리 친 기록을 물었을 때 '어디에서 무엇으로' 골프

점심 레시피 **171**

공을 쳤는지에 대한 조건이 없었다. 하지만 이런 질문을 받으면 우리는 이미 알고 있는 조건의 틀 안에서 생각하게 된다. 내가 알고 있는 골프장에서 내가 아는 방법으로 골프 공을 치는 것만 생각한다. 그런 조건이 없는 경우도 많은데 말이다. 유연하게 생각하는 가장 기본적인 방법은 조건을 만들지 않는 것이다.

어떤 사람이 수레를 끌고 언덕을 올라가고 있다. 젊은이가 뒤에서 수레를 밀고 있다. 젊은이에게 물었다.

"앞에서 수레를 끄시는 분이 당신 아버지입니까?"

"네."

이번에는 앞에서 수레를 끌고 가는 사람에게 물었다.

"뒤에서 수레를 미는 청년이 당신 아들입니까?"

"아니요."

어떻게 된 일일까?

알고 보니 뒤에서 수레를 미는 청년은 아들이 아니라 딸이었다. 이 질문은 힘을 쓰는 일은 남자가 한다는 고정관념을 지적하고 있다. 이렇게 우리는 없는 조건을 생각하는 경우가 많다. 유연한 생각으로 새로운 아이디어를 만들기 위해서는 조건이 있는지 없는지를 확인할 필요가 있다. 때로는 내가 조건을 바꿔보는 것도 필요하다. 새로운 발상을 하기 위해서는 다른 사람들이 설정한 조건 안에서만 생각할 것이 아니라, 내가 바꿀 수 있는 조건을 찾아서 적극적으로 바꿔보아야 한다.

TED에서 본 화가 알렉사 미드(Alexa Meade)의 사례를 소개한다. 먼저 그녀의 작품을 보자(참조 http://www.ted.theculturist.com).

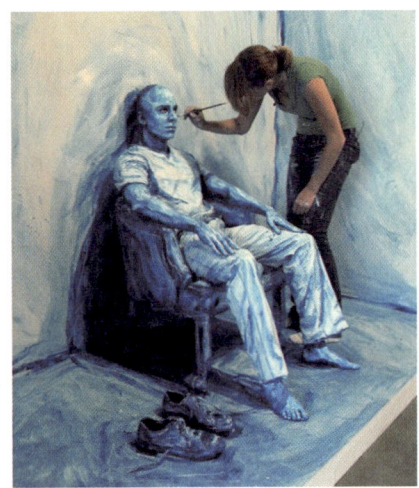

왼쪽은 미드의 작품이고, 오른쪽은 그녀가 작품을 만드는 과정을 보여준다. 그녀의 작품 특징은 캔버스에 그림을 그리는 것이 아니라 사람의 몸에 직접 그림을 그린다는 점이다. 알렉사 미드는 1986년에 태어난 미국의 아티스트로 그녀의 캔버스는 사람의 몸이다. 사람의 몸에 아크릴로 그림을 그리고 그것을 사진으로 찍어서 작품을 완성한다. 그녀는 캔버스에 그림을 그린다는 조건을 바꾸어서 사람의 몸에 직접 그림을 그리는 독특하고 인상적인 작품들을 만들어내고 있다. 이처럼 우리도 자신의 일에 기본적인 조건을 바꿔가며 적극적이고 새롭게 도전해 보자.

존재하지 않는
가정을 없애자

우리는 존재하지도 않는 가정에 얽매이는 경우가 너무 많다. 실제로는 그렇지 않은데 그렇게 생각하거나, 꼭 그런 것이 아닌데 그렇다고 생각한다. 일종의 선입견이나 편견 같은 것이다. 다른 사람들이 생각하는 가정에서 벗어나면 새로운 아이디어를 만날 수 있다.

백의의 천사 나이팅게일은 간호사의 대명사다. 우리는 나이팅게일이라는 이름만으로도 아픈 환자를 정성껏 돌보는 천사 같은 간호사의 모습을 떠올린다. 실제 나이팅게일은 크림 전쟁 당시 스쿠타리의 야전 병원에서 부상병들을 돌보는 일에 헌신했다. 그녀는 사랑과 봉사를 실천했다. 그러나 실제로 그녀가 전쟁에서 부상당한 병사들의 목숨을 구할 수 있었던 것은 선입견 없는 생각 덕분이었다.

당시에 전쟁터에서 병사들이 죽는 것은 부상 때문이라고 생각하는 사람이 많았다. 그러나 나이팅게일은 전쟁터에서 직접 부상병들을 보살피면서 새로운 사실을 발견했다. 대부분의 부상병들이 죽는 이유는 부상이 아닌 질병 때문이었다. 아픈 병사들을 보이는 그대로 관찰한 결과 알게 된 사실이었다. 그녀는 병영 내의 하수구들을 청소하여 청결을 유지하고, 병사들의 영양 상태를 개선했다. 그 결과 병사의 사망률을 획기적으로 낮출 수 있었다.

사람들은 존재하지도 않는 가정을 한다. '병사들이 전쟁터에서 죽는 것은 부상 때문이다'라는 것은 사실이 아니었지만, 모두 그렇게 가정하고 당연하게 여겼다. 우리의 일에서도 존재하지 않는 가정을 없애는 것이 필요하다.

이런 퀴즈가 있다. 아버지와 아들이 교통사고를 당해 각기 다른 병원으로 이송되었다. 응급실에서 청년을 본 의사가 깜짝 놀랐다. 그 청년이 바로 그 의사의 아들이기 때문이었다. 어떻게 된 일일까? 그의 아버지도 분명 교통사고를 당해 다른 병원으로 옮겨졌는데, 어떻게 이 청년이 의사의 아들이 될 수 있을까? 답은 의사가 청년의 어머니라는 것이다. 의사는 남자라는 선입견을 지적하는 퀴즈다.

이렇게 우리는 생각의 틀이 있고, 상식이 있고, 선입견이 있다. 하지만 유효기간이 지난 상식도 많다. 그래서 가끔은 유효기간을 확인하듯, 상황을 점검할 필요가 있다. 존재하지 않는 가정을 없애야 하는 것이다.

새로운 곳으로
여행을 떠나보자

사진은 내 딸이 영국 여행을 갔다가 사온 오렌지 초콜릿이다. 상
자를 열면 오렌지 모양의 초콜릿이 나온다. 오렌지 껍질을 벗기듯
이 포장지를 벗기고, 초콜릿을 하나하나 떼어 먹으면 된다.

이 오렌지 초콜릿을 보고 제주도의 감귤 초콜릿을 떠올렸다. 감귤 초콜릿도 맛이 있지만 디자인에서는 오렌지 초콜릿을 따라갈 수 없다.

오렌지 초콜릿을 보면서 디자인이 중요하다는 것을 다시금 느낄 수 있었다. 고객의 마음을 사로잡는 것은 디자인이다. 물론 초콜릿의 맛도 중요하지만 그것은 기본이다. 기본만 충족해서는 안 된다. 고객을 사로잡을 수 없다. 무수히 많은 제품들 중에 선택을 받으려면 더 특별한 것이 있어야 한다.

오렌지 초콜릿을 보고 두 번째로 느낀 것은, 다른 사람들이 만든 다양한 제품을 보고, 새로운 곳을 여행할 필요가 있다는 점이었다. 영국 여행에서 사다준 오렌지 초콜릿을 보지 않았다면, 제주도 감귤 초콜릿의 디자인에서 벗어나지 못했을 테니까 말이다.

스토리에는 새로운 곳에서의 경험, 즉 여행이 있다. 석유 관련 에너지 회사인 로열더치셸은 사명에도 조개(shell)가 들어가지만 회사 로고도 조개껍데기 그림이다. 석유와 상관 없어 보이는 조개가 들어간 이유는 이 회사의 창업자 마커스 새뮤얼(Marcus Samuel)이 일본 해안가에서 혼자 조개 줍던 과거를 잊지 않기 위해서라고 한다.

런던에서 태어난 가난한 유대인이었던 마커스 새뮤얼은 열여덟 살 때 아버지에게 편도 배 티켓을 선물받고 일본으로 갔다. 영국으로 돌아갈 돈도 생활비도 떨어진 소년은 하릴없이 바닷가를 거닐고 있었다. 그때 햇빛에 반짝이는 조개껍데기를 보았다. 그는 조개로 단추를 만들면 잘 팔리겠다는 생각에 조개껍데기들을 주워 영국으로 보냈다. 일본의 바닷가에 널려 있던 조개껍데기는 영국 사람들의 눈에 매우 신비롭고 아름답게 보였다. 소년의 아버지는 그것으로 고급 밍크코트의 단추를 만들었고 선풍적인 인기를 끌었다. 소년은 그렇게 번 돈으로 석유를 운반하는 배를 만들었고, 유전을 사들이는 사업을 시작하여 오늘날의 로열더치셸을 창업했다. 요코하마 바닷가에 버려졌던 조개껍데기가 런던으로 건너가서 매우 귀한 장신구가 되었고, 그것을 기반으로 마커스 새뮤얼은 자신의 사업을 시작했다. 이 모든 것의 시작은 낯선 곳으로의 여행이었다.

여행은 새로운 풍경을 보여주고 새로운 것을 경험하게 해준다. 새로운 아이디어를 얻고 싶다면 여행만큼 좋은 것이 없다. 예를 들어 초콜릿을 만드는 사람은 세계 각국의 초콜릿을 미리 검색했을 것이다. 다양한 초콜릿을 보며 새로운 초콜릿의 디자인을 하는 데 영감을 받았을 것이다. 하지만 다른 초콜릿에서만 아이디어를 얻을 수 있는 것이 아니다. 예를 들어 특이한 신발이나 새로운 가방 디자인에서 초콜릿의 아이디어를 얻을 수도 있다. 사실 획기적이고 독특한 아이디어는 전혀 상관이 없어 보이는 것에서 출발하는 경우가 많다. 그런 면에서 새로운 생각을 자극하는 데는 여행이 최고다. 아이디어가 필요하면 여행을 떠나 보자. 가까운 곳도 좋고, 지금 살고 있는 도시의 안 가본 곳을 돌아다녀 보는 것도 좋다.

Recipe 49

A와 B가 아닌
C가 무조건 있다고 생각하자

어느 날 1000만 원이 생겼다. 이렇게 큰돈이 생겼을 때, 여성들의 행동 패턴은 다음과 같다.

① 자신을 위해 1000만 원을 소비한다.

② 남자친구를 위해 1000만 원을 소비한다.

③ 재테크를 해서 2000만 원으로 불린다.

남자들은 어떤 여자를 좋아할까?

많은 남자들이 ③번 여자라고 대답했다. ②번 여자가 좋다고 대답한 남자들도 많았다. 하지만 이 질문을 던진 사람이 기대하는 정답은 '예쁜 여자'였다. 남자는 무조건 예쁜 여자를 좋아한다는 유머다. 이 질문은 우리에게 또 다른 생각을 하게 한다. "A냐 B냐?" 하는 질문에 A나 B가 아닌 C라는 답도 있다는 점이다.

이것은 생각의 틀을 깨야 풀 수 있는 수수께끼다. 우리의 일에서도 A인가 B인가를 고민하고 있다면, C라는 새롭고 더 적절한 정답이 있을 수도 있다. 이런 이야기가 있다. 여자친구가 남자친구에게 전화를 해서 이렇게 말한다.

"지금 감기가 심해서 아파. 그런데 집에 왔더니 내 방에 페인트 칠을 해서 냄새가 많이 나. 냄새를 맡으니까 머리까지 아파. 날씨가 추운데 창문을 열어야 할까? 닫아야 할까?"

연애에 서툰 남자는 '문을 열라고 한다' 또는 '문을 닫으라고 한다'라고 대답한다. 하지만 여자들이 듣고 싶어하는 말은 둘 다 아니다. 정답은 "너 괜찮니?"이다. 여자친구가 남자친구에게 전화를 했을 때에는 문을 열어야 할지, 닫아야 할지에 대한 판단을 듣고 싶은 것이 아니다. 여자친구는 자신이 아프다는 것을 남자친구에게 알려서 위로받고 싶었을 뿐이다.

대부분의 사람들은 주어진 상황에 제한적인 선택을 한다. 때때로 장사하는 사람들은 그것을 이용한다. 예를 들어 패스트푸드점에서 햄버거를 선택한 손님에게 종업원이 묻는다.

"손님, 음료는 콜라로 하시겠습니까? 사이다로 하시겠습니까?"

이런 질문을 받으면 손님은 콜라나 사이다 중 하나를 선택한다. 하지만 종업원이 이렇게 물었다고 생각해보자.

"손님, 음료는 어떻게 하시겠습니까?"

이런 질문에 손님은 음료를 선택하지 않는 경우가 많다. "네, 음료는 필요 없습니다"라고 대답하기 쉽다. 햄버거를 주문한 사람의 입장에서는 굳이 음료를 마시고 싶지 않은데도 콜라와 사이다 중 어느 것을 선택하겠냐고 물으면 둘 중 하나를 선택하게 된다. 말하자면 선택의 폭을 줄여가는 것이 일반적인 사람들의 행동 방식이다.

우리에게는 항상 또 다른 선택이 있다. 비즈니스에서는 더욱더 그렇다. IT 회사들이 우후죽순처럼 생겨나던 2000년대 초, 친구들과 A회사에 투자할 것인지, B회사에 투자할 것인지를 이야기하던 때가 있었다. 당시 전문적인 투자를 하던 한 선배에게 이런 말을 들은 적이 있다.

"이렇게 IT, PC, 인터넷 등이 폭발적으로 늘어나면 기본적으로 반도체 만드는 회사가 유망하지 않을까?"

대부분의 사람들이 IT 회사들에 관심을 가지고 있을 때, 그 선배는 반도체 제조회사를 눈여겨본 것이다. 1990년대 후반에 휘몰아쳤던 코스닥 열풍은 미국 서부 개척 시기의 골드러시에 비유되었다. 금맥을 찾으러 나선 사람보다 청바지를 판 사람이 더 많은 돈을 벌었는데도 말이다. 결국 2000년 초에 벤처 거품이 꺼지기 시작했다. 서울 테헤란로에 많은 벤처 기업들이 생겼을 때, 실제로는 가구 업체와 인테리어 회사들이 돈을 벌었다는 이야기가 있다. 야후 같은 기술주들이 선풍적인 인기를 끌며 나스닥 열풍이 불었던 2000년경에 투자의 귀재인 워런 버핏은 자신이 제대로 이해하지 못하는 기술주에는 투자하지 않았다. 대신 그는 카펫 회사에 투자해서 큰돈을 벌었다. 아마 버핏이 투자하지 않았던 많은 벤처기업들은 다른 사람에게 투자받은 돈으로 버핏이 투자한 회사의 카펫을 사서 인테리어를 했을 것이다.

이렇게 성공 스토리를 들어보면, 모두가 A와 B 중에 하나를 선택해야 하는 것으로 생각하고 있을 때, A나 B가 아닌 C나 D에서 정답을 찾은 사람들이 성공했다는 것을 알 수 있다. 우리가 고민하고 있는 아이디어도 마찬가지다. 놀라운 것은 또 다른 선택이 있다는 사실을 기억하는 것만으로도 스스로 새로운 아이디어를 찾게 된다는 점이다.

제로베이스로
생각하자

우리는 눈에 보이는 대로 모든 것을 보지 않는다. 보고 싶은 것만 본다. 따라서 보이는 것을 제대로 보려면 의도적인 노력이 필요하다. 사람은 누구나 편견이나 선입견을 가지고 무엇인가를 보게 된다. 여기에서 벗어나야 한다. 편견 없이, 선입견 없이 보아야 한다. 기존의 상식에서 벗어나서 상식 제로에서 생각해보자. 그렇게 할 때 비로소 보지 못하던 것을 볼 수 있고, 새로운 아이디어를 얻을 수 있다.

2002년 월드컵을 앞두고 히딩크 국가대표 감독이 처음 한국에 왔을 때, 한국 축구에 대해 이렇게 말했다.

"한국 선수들은 기술이 아주 좋다. 하지만 체력이 약하다."

그의 분석은 사람들이 생각하던 것과 정반대였다. 당시 우리나라 사람들은 한국 축구가 기술은 떨어지지만 근성으로 하기 때문에 체력이 밀린다는 생각은 하지 않았다. 하지만 히딩크는 비디오를 보여주며 오른발과 왼발을 모두 사용하는 선수는 국제적으로 그렇게 많지 않은데, 한국 선수들은 양쪽 발을 모두 사용하고 개인 기본기가 좋다고 평가했다. 다만 체력이 약해서 아무리 정신력으로 뛰어도 후반 30분이 넘어가면 제 기량을 발휘하지 못한다고 지적했다. 우리가 기술이 떨어진다고 봤던 것을 그는 축구를 즐기지 않고 단지 열심히 하기 때문에 센스가 없고 영리한 축구를 하지 못하고 있다고 진단했다. 히딩크 감독은 이렇게 말했다.

"애국심으로는 16강에 들어갈 수 없다."

"축구를 즐기면 경기를 지배하게 되고 결국 게임에서 이기게 된다."

당시 히딩크의 분석에 우리나라 사람들은 매우 놀랐다. 우리가 생각하는 우리의 모습과 외국인의 눈에 비친 우리의 모습이 너무나 달랐기 때문이다. 실제로 우리는 우리가 보고 싶은 대로 한국 축구를 보아왔다. 객관적으로 제로베이스에서 보면 알 수 있는 것을 놓치고 있었던 것이다.

제로베이스로 봐야 한다. 그래야 선입견에서 벗어날 수 있다. 히딩크와 같은 외국인 감독의 장점은 선입견 없이 한국 축구를 있는 그대로 볼 수 있다는 것이다. 그렇게 제로베이스에서 있는 그대로 보아야 선입견을 버리고 새로운 전략을 세울 수 있다.

　제로베이스는 상식이나 지식을 완전히 잊어버리는 것이다. 상식이란 사람들의 평균적인 생각이기 때문에 때때로 바뀐다. 유행에 따라 어느 순간 바뀌는 것이 상식이다. 따라서 가끔 상식에서 어긋나는 생각을 하는 것이 필요하다. 그렇게 상식에서 벗어나는 방법이 바로 상식 제로로 생각하는 것이다.

　같은 맥락에서 가끔은 지식 제로도 필요하다. 지식은 변하지 않지만, 내가 지금 적용하는 지식이 아닌 새로운 지식을 나의 일에 적용해야 새로운 아이디어를 찾을 수 있다. 기존의 방식에서 벗어나서 새로운 아이디어를 만들고 싶다면 지식 제로에서 생각하는 것도 좋다. 이렇게 모든 것을 제로베이스에서 생각하는 것이 새로운 아이디어를 발견하는 비결이다.

3장

아이디어 요리하기

- 저녁 레시피

좋은 아이디어는 유머에서 나온다. 사고를 가능한 한 재미있게 하라.
—데이비드 오길비(David Ogilvy)

'그럼에도 불구하고'를 생각하자

창의성이나 성공학에서 가장 중요한 단어 하나가 '그럼에도 불구하고'이다. 모든 사람들이 당연하게 여기는 것을 성공시키는 것은 큰 가치가 없다. 대박도 없다. 하지만 누구도 기대하지 못했던 일, 다들 안 될 것이라고 여겼던 일을 '그럼에도 불구하고' 성공시킨다면 그것은 큰 가치를 지닌다. 그야말로 대박인 것이다.

새로운 아이디어를 찾아내서 성공 스토리를 만들고 싶다면 '그럼에도 불구하고' 정신이 필요하다. '그럼에도 불구하고 정신'이란 불가능해 보이는 일도 분명 방법이 있다고 생각하는 마인드다. 가능성이 보이지 않거나 때로는 이론적으로 불가능한 일이라도 뭔가 방법이 있다고 생각하는 것이다. 그래야 새로운 아이디어를 발견할 수 있다.

어느 호텔의 CEO가 여행을 갈 때마다 매번 같은 호텔에 묵었다. 그런데 호텔의 프런트 직원이 그를 보고 "또 방문해주셔서 감사합니다"라고 인사를 했다. 그는 매우 좋은 인상을 받았고, 자신이 운영하는 호텔도 재방문하는 고객에게 그렇게 인사를 하면 좋겠다고 생각했다. 그는 출장을 마치고 돌아간 후 고객의 얼굴을 인식해서 알아보는 컴퓨터 시스템을 갖추려고 했다. 하지만 비용이 너무 많이 들어가는 것을 알고 포기했다. 자신의 비즈니스 규모에서는 그런 시스템을 도입하는 것이 무리라고 판단했기 때문이다. 그리고 시간이 지나 다시 그 호텔에 갔을 때, 이번에도 "또 방문해주셔서 감사합니다"라고 인사하는 직원에게 물었다. "어떻게 나를 기억합니까?" 그 직원이 솔직하게 이야기해준 방법은 이랬다. 공항에서 택시를 타고 호텔로 오는 중간에 택시 기사가 '이 호텔에 온 적이 있냐'고 묻는다. 온 적이 있다고 하면 짐을 왼편에, 처음 가는 호텔이라고 대답하면 짐을 오른편에 내려놓는다. 호텔은 그 대가로 택시 기사에게 1달러씩 팁으로 주고 있었다.

우리의 비즈니스 규모에 비하면 비용이 너무 많이 들어서 포기했던 일, 기술적 어려움 때문에 포기했던 일, 현실적인 제약으로 그만두었던 일, 이런 모든 일들이 '그럼에도 불구하고' 가능한 방법이 있었던 것이다. 쉽게 포기하기보다는 된다는 보장이 없어도 '그럼에도 불구하고 정신'을 발휘해보는 것이 필요하다.

야구 경기를 보면, 1년에 한두 번 홈스틸이 나온다. 홈스틸이란 3루에 있던 주자가 투수가 던진 공보다 더 빨리 홈으로 들어오는 것이다. 투수의 공보다 주자가 더 빨리 홈으로 뛰어드는 것은 불가능하다. 투수가 던지는 공은 시속 140~150킬로미터로 날아간다. 더구나 3루 베이스는 투수 마운드보다 뒤에 있다. 더 먼 곳에 있는 사람이 공보다 더 빨리 달리는 것은 불가능하다. 그런데 그런 불가능한 일이 1년에 한두 번씩 나온다. 사실 생각해보면 홈스틸만이 아니라 모든 도루는 이론적으로 불가능한 것이다. 사람이 공보다 더 빨리 달릴 수는 없는 노릇이다. 투수만이 아니라 포수도 매우 빠른 공을 홈에서 2루까지 던진다. 이론적으로 생각하면 모든 도루는 불가능하다. 하지만 '그럼에도 불구하고' 매 경기에 한두 번의 도루는 성공한다.

지금 포기하고 있는 일, 어려운 장벽에 부딪힌 일, 또는 하고 싶은데 엄두가 안 나는 일, 모두 '그럼에도 불구하고' 정신으로 도전해보자.

Recipe 52

기준을
바꿔보자

세계 지도는 그 나라의 면적을 보여주는 이미지다. 면적이 아닌 인구나 국민총소득 또는 술 소비량과 같은 지표를 기준으로 하면 세계 지도는 다른 모습이 된다. 통계 지도라고 부르는 몇 가지를 소개한다. 먼저 인구 세계 지도다.

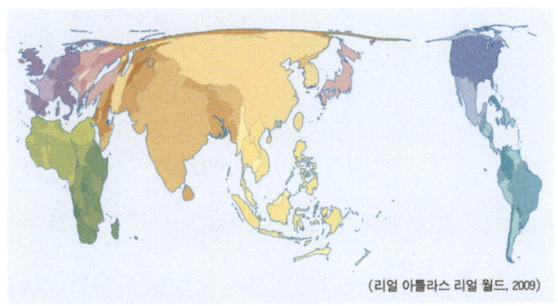

(리얼 아틀라스 리얼 월드, 2009)

인구 세계 지도는 인구를 기준으로 나라의 크기를 표시한 것이다. 예를 들어 캐나다는 우리나라보다 100배나 크다. 하지만 땅의 면적이 아닌 인구로 따지면, 우리나라가 1.5배 더 크다. 이것이 지도에 표시된 것이다. 다음은 국민총소득 세계 지도다.

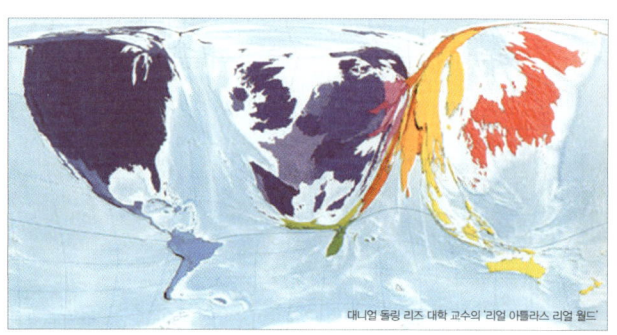

대니얼 돌링 리즈 대학 교수의 '리얼 아틀라스 리얼 월드'

국민총소득을 기준으로 보면 매년 약간의 차이는 있지만, 2003년 기준으로 미국이 세계에서 차지하는 비중은 33퍼센트 정도이고, 서유럽이 28퍼센트, 일본이 13퍼센트 정도라고 한다. 경제가 빠르게 성장하는 중국은 지도의 넓이가 늘어나고 있을 것이다. 이렇게 다른 기준으로 세계 지도를 그리면 다른 형태의 세계 지도가 된다. 다른 기준은 다른 해석과 새로운 생각을 하게 한다. 따라서 다양한 기준으로 보는 것이 필요하다.

새로운 아이디어를 얻으려면 기존의 기준을 바꿔보는 것이 하나의 방법이다. 예를 들어 직원을 뽑을 때에도 남들과 똑같이 학교 성적, 영어 점수만으로 뽑는 것이 아니라, 나만의 방법으로 직원을 뽑는 것이다. 미국 실리콘밸리의 마이크로소프트나 구글은 학교 성적이 아닌 압박 면접과 같은 방법으로 직원을 채용한다. 엉뚱한 질문을 하여 지원자가 어떤 대답을 하는지를 본다. 일본의 어떤 회사의 사장은 밥 빨리 먹는 사람을 직원으로 채용한다고 한다. 우리가 보기엔 엉뚱한 기준이지만, 밥을 빨리 먹는 사람은 '위와 장이 튼튼하고, 시간 낭비를 하지 않는 적극적인 사람'이라고 평가하기 때문이다. 내 회사에서 일할 사람을 남들이 정한 기준으로 뽑을 이유가 없다. 영화로도 만들어진 〈머니볼〉은 다른 기준을 만들어 대단한 성과를 올린 대표적인 사례다.

1990년대 후반에 미국 메이저리그의 야구팀 오클랜드 애슬레틱스는 최악의 부진에서 헤매고 있었다. 팀 성적은 최하위권, 구단의 재정도 매우 열악했다. 이 때문에 좋은 선수를 영입할 수가 없었다. 이렇게 희망이 안 보이는 상황에서 새로 취임한 빌리 빈(Billy Beane) 단장은 새로운 기준으로 선수를 선발하여 새로운 팀을 꾸렸다. 일반적으로 타자를 평가하는 기준은 홈런, 타율, 타점, 도루 등이다. 하지만 그는 새로운 기준을 만들었다. 출루율, 장타율, 사사구 비율 등이 평가 요소였다. 투수는 승수, 방어율, 직구 구속을 보는 게 일반적이지만 그는 사사구, 땅볼 대 뜬 공 비율 등의 독특한 요소와 선수의 성품이나 사생활 같은, 눈에 보이지 않는 요소를 가지고 평가했다. 예를 들어 어떤 선수는 타율과 홈런이 저조하지만 높은 출루율을 갖고 있다면 그를 영입하는 것이다. 이렇게 자신만의 기준에 따라 선수들을 영입함으로써 적은 돈으로 자신이 원하는 팀을 꾸릴 수 있었다. 그런 빌리 빈 단장의 생각은 적중했다. 오클랜드는 2000~2003년 포스트시즌에 연속 진출하는 강팀으로 거듭났다.

　기준을 바꿔보자. 다른 기준을 중심으로 생각해보고, 새로운 기준을 만들어보자. 그런 노력이 새로운 아이디어를 이끌어낸다.

무조건
가능성을 찾아보자

강원도 횡성에 감정가가 3억 5000만 원인 임야가 경매에서 계속 유찰되어 경매 시초가가 7000만 원이 되었다. 이 임야가 경매에서 유찰된 이유는 돌산이어서 집을 지을 수가 없기 때문이었다. 당시에는 전원주택이나 펜션을 짓는 것이 유행이었는데, 그 땅은 돌산이라 쓸모 없는 땅으로 여겨졌다. 땅을 보러 온 사람들이 하나같이 돌산을 외면할 때, 한 사람은 그 땅을 보고 바로 군청으로 달려갔다. 그는 군청 담당자에게 이 지역에서 돌을 캐다가 다른 지역에 팔아도 되는지를 물었다. 담당자는 선뜻 자연석의 반출은 문제가 되지 않는다고 답했다. 그 말을 들은 그는 경매에 참가하여 그 땅을 7450만 원에 낙찰받았다. 그 후 그는 그 땅에서 돌을 캐내기 시작했다. 돌은 큰 트럭으로 100대 분이 나왔다. 그는 그 돌을 판매한 대금 5000만 원과 은행 대출 3000만 원으로 자기 돈 한 푼 들이지 않고 그 땅의 대금을 지불했다. 돌을 죄다 캐냈으니 그 땅은 전원주택 부지가 되었고, 평당 15만 원, 총 11억 4000만 원의 땅이 되었다.

이 이야기의 주인공을 생각해보자. 그의 어떤 능력이 아이디어와 기회를 발견하게 했을까? 그는 뛰어난 전문지식이나 특별한 혜안이 있어서 기회를 발견했던 것이 아니다. 그는 평범한 사람이었고 남들과 똑같은 정보를 가지고 있었다. 그가 산 땅은 이미 많은 사람들이 보고 갔다. 하지만 다른 사람들은 보지 못한 기회를 그는 보았다. 그와 다른 사람들의 차이점은 무엇일까?

다른 사람들은 그 땅을 보면서 이렇게 생각했다.

"저런 돌산은 아무 쓸모 없어."

"저 돌 때문에 집을 지을 수가 없잖아."

"저 돌 때문에 이 땅은 아무 가치가 없어."

하지만 이 이야기의 주인공은 그 땅을 보면서 이렇게 생각했다.

"저 돌만 해결하면 되겠군."

"저 돌만 해결하면 3억 5000만 원짜리 땅을 7000만 원에 살 수 있겠는데?"

"저 돌 어떻게 해결할 수 없을까?"

사람들은 이처럼 같은 사물과 현상을 보면서도 다르게 생각한다. 어떤 사람은 소극적으로 안 된다는 생각을 하고, 어떤 사람은 '어떻게 하면 되게 만들까?'를 고민한다. 세상은 객관적으로 존재하지 않는다. 세상은 내가 해석하는 대로 존재한다. 우리는 모두 각자의 심리적 안경을 쓰고 세상을 본다. 빨간색 안경을 쓰면 세상이 빨갛게 보이고 파란색 안경을 쓰면 세상이 온통 파랗게 보인다. 내가 긍정적이고 적극적으로 세상을 보면 그곳에는 기회와 행운이 있고, 내가 부정적이고 소극적으로 세상을 보면 그곳에는 항상 안 되는 이유로 가득하다.

　다른 사람들은 돌을 보면서 그 땅을 포기했지만, 기회를 잡은 주인공은 그 돌만 해결하면 되겠다는 적극적인 생각을 가졌다. 주위를 보면 모든 성공과 행운이 이 이야기처럼 우리에게 온다. 이렇게 무엇이든 적극적이고 긍정적으로 생각하고 상상력을 발휘하는 사람이 언제나 기회를 잡고 행운을 만든다. 탁월한 아이디어도 긍정적이고 적극적으로 가능성을 찾을 때 얻게 된다.

Recipe 54

낯선 것은 친숙하게,
친숙한 것은 낯설게 만들자

무엇인가를 배우는 것은 낯선 것을 친숙하게 하는 과정이다. 비행기를 한 번도 본 적이 없는 사람에게 비행기를 설명하기 위해서는 친숙한 새에 비유해야 한다. 그리고 비행기에 대해서 하나하나 알아가는 과정을 통해 비행기와 친숙해질 수 있다. 어려운 수학 방정식을 배우는 것도 그것과 친숙해지는 일이다. 복잡하고 난해한 수식이 처음에는 낯설고 거부감까지 느껴진다. 하지만 계속 배우고 이해하기 시작하면서 친숙해지고, 복잡해 보이는 문제도 풀 수 있게 된다.

이렇게 친숙해진 것을 때로는 낯설게 할 필요가 있다. 왜냐하면 너무 친숙하고 익숙해지면 새로운 시각이 없어지고 항상 보던 대로 보게 되기 때문이다. 그래서 새로운 아이디어를 만들기 위해서는 친숙한 것을 낯설게 보는 노력이 필요하다.

르네 마그리트의 그림 중에 〈골콘다〉라는 작품이 있다. 평범한 건물에 양복을 입은 신사가 서 있는 자세로 수십수백 명이 비처럼 내려오는, 정말 이해하기 힘든 작품이다. 화가들의 관심은 친숙하고 익숙한 것을 낯설게 하는 것이라고 한다. 특히 마그리트는 데페이즈망(dépaysement)이라는 기법으로 어떤 사물이나 대상을 낯선 공간에 배치함으로써 낯섦으로 새로움을 만들고 있다.

새로운 아이디어를 얻기 위해서는 익숙한 것을 낯설게 하는 것이 필요하다. 데자뷰(deja vu)란 말이 있다. 처음 접하는 상황, 또는 처음 보는 장소인데도 왠지 익숙하게 느껴지는 현상이다. 프랑스 의사 플로랑스 아르노(Florance Arnaud)가 1900년에 처음으로 이 현상을 정의했으며 에밀 보아락이 처음 데자뷰라는 용어를 사용했다.

그런데 이 데자뷰를 거꾸로 뒤집은 단어 부자데(Vu ja de)란 말도 있다. 스탠퍼드 대학교의 로버트 서튼 교수가 그의 저서 《역발상 마케팅》에서 소개한 용어다. 데자뷰가 낯선 것을 익숙하게 만드는 것이라면, 부자데는 익숙한 것을 낯설게 만드는 것이다. 새로운 아이디어를 위해서는 익숙한 것을 낯설게 보는 역발상이 필요하다는 얘기다. 서튼은 기존의 시각으로 보지 않고 상식을 뒤집어보고 거꾸로 생각해보는 '역발상'이 필요하다는 것을 강조했다.

현명함이란 상황에 맞게 생각하는 것이다. 모르는 것을 배운다면 낯선 것을 친숙하게, 그리고 무엇인가를 새롭게 하고 싶다면 친숙한 것을 낯설게 만들어보자. 낯선 것을 친숙하게 만드는 것보다는 친숙한 것을 낯설게 만들기가 더 어렵다. 그래서 낯설게 만들기에 더 많은 노력을 기울여야 한다.

문제를 다르게
정의해보자

두 친구가 산길을 가다가 굶주린 곰을 만났다. 몇 미터 떨어진 곳에서 곰은 두 사람을 강렬한 눈빛으로 노려보고 있었다. 그때 한 친구는 배낭에서 운동화를 꺼내 신었다. 운동화 끈을 단단하게 묶고 있는 친구에게 다른 친구가 말했다.

"소용없어. 저 곰은 우리보다 훨씬 더 빨라. 우리가 아무리 빨리 뛰어도 곰에게 잡아먹힐 거야."

그때 운동화 끈을 모두 묶은 친구가 이렇게 말했다.

"나도 알아. 하지만 나는 너보다 더 빨리 뛰면 된다고 생각해."

이 유머는 인간적인 사례는 아니지만, 우리에게 어떤 메시지를 전달한다. 문제를 다르게 정의할 수 있다는 것이다. 처음 이들의 문제는 곰보다 더 빨리 뛰는 것이었다. 하지만 이는 불가능한 일이다. 그래서 한 친구는 문제를 다르게 정의한다. 다른 친구보다 더 빨리 뛰면 된다는 것으로.

이렇게 같은 문제라도 사람마다 다르게 정의할 수 있다. 문제 해결의 가장 중요한 단계는 주어진 문제를 분석하고 해결의 아이디어를 만드는 중간 단계가 아니다. 문제를 정의하는 초기 단계다. 앞에서 이야기한 것처럼 문제는 또 다르게 정의될 수 있다. 문제에 대한 새롭고 창의적인 아이디어를 찾고 있다면, 때때로 문제를 새롭게 정의해보자. 새로운 문제에는 새로운 아이디어와 해결책이 따라오게 마련이다. 사람들은 대부분 주어진 문제를 해결하는 데 집중한다. 하지만 획기적인 아이디어를 발견하는 사람은 문제를 새롭게 바꾸는 능력이 뛰어나다.

에드워드 제너는 우두 접종법을 발견했다. 18세기 말에 많은 사람들의 질문은 "왜 사람이 천연두에 걸리는 것일까?"였다. 제너는 이 질문을 이렇게 바꾸었다. "왜 목장에서 소젖을 짜는 사람은 천연두에 걸리지 않을까?" 면역에 대한 개념이 부족했던 당시에 그는 목장에서 일하는 사람들이 천연두에 잘 걸리지 않는 것을 보고, 문제를 다르게 정의했던 것이다. 이에 연구를 거듭한 제너는 목장 사람들은 약한 우두에 감염됨으로써 천연두에 면역이 생겼다는 것을 발견했다. 이를 바탕으로 우두 접종법이 나왔다.

문제를 다르게 정의하여 새로운 아이디어를 만든 사례를 하나 더 소개한다. 1853년 미국의 오티스 사가 처음으로 엘리베이터를 만들었다. 당시 엘리베이터는 속도가 너무 느렸다. 많은 사람들이 엘리베이터 속도에 불만을 느꼈다. 하지만 이것은 쉽게 해결할 수 있는 문제가 아니었다. 엘리베이터 속도를 빠르게 하려면 시간과 기술 그리고 돈이 많이 들었기 때문이다. 놀랍게도 이 문제는 어떤 엘리베이터 관리인의 아이디어로 간단하게 해결되었다. 그는 엘리베이터에 거울을 달았다. 그러자 속도에 대한 사람들의 불평이 사라졌다. 거울에 신경을 쓰는 사이에 어느새 목적지에 도착했기 때문이다.

많은 사람들이 엘리베이터가 너무 느리다며 불만을 표하자, "어떻게 하면 엘리베이터를 빨리 움직이게 할 수 있을까?"라는 문제가 정의되었다. 그런데 같은 상황에서 한 사람은 "어떻게 하면 엘리베이터를 이용하는 사람들이 짜증을 내지 않게 할 수 있을까?"로 문제를 다르게 정의한 것이다. 첫 번째 문제, 즉 속도에 대한 아이디어는 쉽지 않았지만, 두 번째 문제, 지루함 때문에 짜증을 내는 것에 대한 아이디어는 '거울을 단다'는 것으로 쉽게 해결되었다. 이렇게 문제를 다르게 정의해보면, 문제 해결을 위한 새로운 아이디어를 쉽게 얻을 수 있다.

아무 책이라도
읽어보자

다른 사람의 생각을 엿볼 수 있는 가장 좋은 방법은 책을 읽는 것
이다. 책은 다른 사람들이 어떤 생각을 하는지, 어떤 감정을 느끼는
지, 왜 그런 행동을 하는지를 간접적으로 알게 해준다. 여러 가지 다양
한 생각을 경험하는 데는 책만큼 좋은 것이 없다.

내가 고민하는 문제의 해결책이 책 속에 들어 있는 것은 아니다. 내
가 고민하는 새로운 아이디어를 책에서 바로 얻을 수 있는 것도 아니
다. 하지만 책은 분명 직접적이지는 않더라도 간접적으로 새로운 아이
디어를 발견하고, 문제를 해결하는 방법을 찾도록 도와준다. 책 속에
길이 있다는 말은 사실이다.

전 세계 부자들의 공통점은 책을 읽는 습관이다. 빌 게이츠, 워런 버핏, 마크 저커버그 같은 세계적인 부자들은 유난히 책 읽기를 좋아한다. 그들은 왜 손에서 책을 놓지 않을까? 그들은 책에서 영감을 얻기 때문이라고 말한다. 사업의 아이디어나 잘 모르는 분야에 대한 정보를 얻을 뿐만 아니라, 상상력을 발휘하고 새로운 것을 꿈꾸는 것도 책에서 얻을 수 있는 것들이다. 워런 버핏은 근무시간의 80퍼센트를 책 읽는 데 보낸다고 한다. 그에게는 일하는 시간이 곧 책을 읽는 시간이다.

책을 읽을 때는 능동적으로 읽어야 한다. 다른 사람의 말을 수동적으로 듣기만 하듯이, 멍하니 TV를 쳐다보듯이 책을 읽는 것이 아니라, 능동적으로 책의 내용을 생각하며 읽는 것이 중요하다. 저자와 공감하기도 하고 때로는 저자와 다른 의견을 가지고 비판하기도 하며 책을 읽어야 한다. 아무 생각 없이 책을 읽기만 하는 것은 먹기만 하고 소화는 시키지 않는 것과 같다. 영양가가 많은 음식을 먹었으면 그것을 잘 소화시키는 것이 중요하다. 소화가 되지 않으면 결국 몸 밖으로 배설되기만 할 뿐이다.

입력(input)이 있어야 출력(output)이 있다. 새로운 아이디어도 마찬가지다. 새로운 생각의 자극이 있어야 새로운 생각을 하게 된다. 생각을 자극하는 방법으로는 책을 읽는 것이 매우 효과적이고 실용적이다.

Recipe 51

우연한 발견,
세렌디피티를 생각하자

뜻밖의 행운을 세렌디피티(serendipity)라고 한다. 영국 작가 호러스 월폴(Horace Walpole)이 1754년에 쓴 《세렌딥의 세 왕자The Three Princes of Serendip》라는 우화에 근거하여 만든 말이다. 섬 나라 세렌딥 왕국의 세 왕자가 섬을 떠나 우연한 발견을 하는 이야기다.

콜럼버스가 아메리카 대륙을 우연히 발견한 것처럼 세렌디피티는 우연히 얻어진다. 콜럼버스는 사실 인도를 향해 출발했다. 그는 인도에 도착하지 못했지만, 더 값어치가 있는 아메리카 대륙을 발견했다. 이렇게 처음에 목표했던 것을 얻지 못했더라도 우연히 처음의 목표보다 더 크고 멋진 것을 얻는 것이 바로 세렌디피티다.

심장병 약을 개발하던 화이자가 발기부전에 효과가 있는 비아그라를 우연히 만들게 되고, 3M이 강력한 접착제를 만들다가 우연히 포스트잇을 만든 것처럼 말이다. 이렇게 생각지도 못했던 아이디어가 우연히 발견되기도 한다.

일을 하는 데는 두 가지 방식이 있다. 첫 번째는 하고 싶은 일이 무엇인지 정확하게 종이에 적고 그것을 하나하나 실행해가는 방식이다. 두 번째는 자신이 원하는 것을 대략적으로 그려보고 올바르다고 생각하는 방향으로 일단 가는 것이다. 두 번째 방식으로 일을 하면 처음에 생각했던 것과 다른 곳에 도착할 수도 있다. 하지만 그 결과가 나쁘지만은 않다. 우연한 행운, 세렌디피티는 두 번째 방식에서 나오는 경우가 많다. 처음의 계획에 없던 일이라도 기회가 포착되면 유연하게 방향을 바꾸면 된다. 심장병 약을 개발하던 사람들이 어떤 기회를 포착하고 유연하게 생각을 바꾸어 발기부전에 효과가 있는 약을 상품화한 것처럼 말이다.

《세렌딥의 세 왕자》에 등장하는 왕자들은 모두 여행자였다. 콜럼버스처럼 그들은 여행을 떠났다. 우리도 새로운 아이디어를 얻기 위해서는 여행자의 마음으로 콜럼버스와 같은 여행을 할 필요가 있다. 사실 콜럼버스가 인도로 출발했던 것은 잘못된 계산법을 사용했기 때문이라고 한다. 콜럼버스는 지구가 둥글고 그 둘레는 약 2만 9000킬로미터라는 프톨레마이오스의 주장을 믿었다. 그래서 인도까지의 거리가 4345킬로미터라고 계산했는데, 이는 실제 거리의 6분의 1에 불과하다. 당시의 배에는 인도까지 갈 수 있는 식량을 모두 실을 수 없었다. 콜럼버스가 인도까지의 거리를 정확하게 알고 있었다면 그는 인도로 출발하지 않았을 것이다.

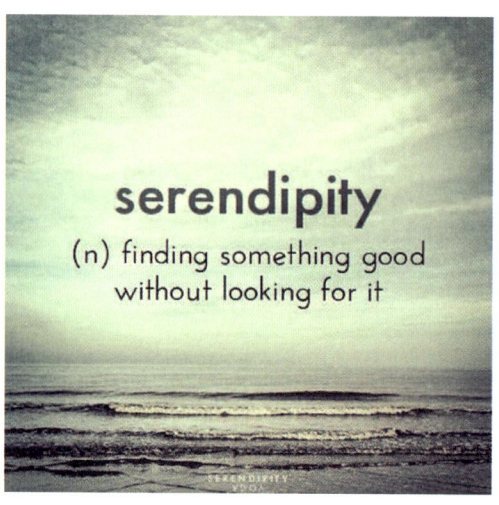

포르투갈이 콜럼버스의 항해를 후원하지 않은 것은 지구가 평평하다고 믿었기 때문이 아니다. 그들도 지구가 둥글다고 생각했고 지구 둘레를 에라토스테네스가 계산한 4만 킬로미터 정도라고 믿었다. 이것은 정확한 계산이었다. 포르투갈 사람들은 콜럼버스보다 똑똑했고 더 정확하게 알고 있었기 때문에 머나먼 인도로 가는 항해를 시도하지 않았다. 하지만 콜럼버스는 결국 신대륙을 발견했다. 그리고 정확하게 계산만 하고 있었던 다른 사람들은 콜럼버스의 성공을 구경만 해야 했다.

우리는 논리적이고 분석적인 계산을 하면서도 불확실한 항해에 도전할 수 있어야 한다. 물론 콜럼버스와 같이 잘못된 계산을 하는 것이 아니라, 포르투갈 정부처럼 정확한 계산을 해야 한다. 그러면서도 다른 사람들이 배에 충분한 식량을 채울 수 없다고 포기할 때, 항해 중간에 식량을 채울 수 있는 방법을 만들고 도전해야 한다. 계획대로 되지 않을 수도 있다. 하지만 콜럼버스가 인도 대신 아메리카 대륙을 발견한 것처럼, 어쩌면 더 큰 행운을 만날 수도 있다. 계산적이면서도 도전적이어야 한다. 행운도, 창의적인 아이디어와 성공도 대부분 이렇게 만들어진다.

중고품을
기념품으로 만들자

20개국의 대통령이 한자리에 모이는 정상회담이 열렸다. 각 나라의 대통령과 영부인, 그리고 수행 장관들과 그들의 부인들을 의전하기 위해 총 200대의 최고급 자동차가 지원됐다. 자동차 생산회사인 A사와 B사가 차량을 각각 100대씩 제공했다. 정상회담은 일주일 동안 진행되었다. 다행히 차량 의전도 무사히 잘 마쳤다. 그리고 제공된 차들은 일주일 후 다시 판매회사로 돌아왔다. 그럼, 돌아온 차량을 자동차 회사에서는 어떻게 처리할까?

먼저 A사의 처리 상황을 살펴보자. 실리와 원칙을 중요시하는 A사는 다른 사람이 잠시라도 이용했던 만큼 자동차를 신차 시장에 내놓을 수 없었다. 대신 확실한 애프터서비스를 보장하고 차량 옵션을 한 가지 추가해서, 일반 중고차보다 다소 비싼 가격으로 시장에 내놓았다. 그중 몇 대는 일주일밖에 사용하지 않았음을 감안해서 좋은 조건으로 자주 거래하는 렌터카 회사에 넘겼다.

B사는 처리 상황이 전혀 달랐다. B사는 정상회담이 열리기 전에 회담에 제공될 자동차를 10대만 남기고 나머지는 모두 선계약을 통해 일반 고객에게 선착순으로 팔았다. 이 회사는 정상회담에 제공되는 차량을 만들 때부터 작은 옵션으로 차별화했다. 트렁크 왼쪽에 정상회담에 지원된 차량이라는 배지를 붙여 희소가치가 높은 한정판으로 만들었다. 그리고 정상회담 기간 동안 그 차량을 이용한 VIP의 사인을 받아 예쁜 패널에 붙여 차량 구입자에게 함께 전달했다. 세계 각국의 퍼스트 레이디나 외교통상 장관들이 탔던 차라는 점을 강조하여 홍보 효과도 절로 얻었다. 1억, 2억씩 하는 자동차를 선착순으로 계약하여 판매한 B사에게는 선계약으로 판매한 90대를 제외하고, 나머지 차량 10대가 남았다. 이 차량들은 유엔 이사국의 대통령이나 외교 정상들이 이용한 차량이었다. B사는 이 10대의 차를 특별 경매에 부쳤다. 어느 나라 어느 대통령이 탔던 차라는 문구와 그 국가 원수의 사인이 붙은 자동차는 기존 가격의 2배에 이르는 프리미엄을 받고 팔려나갔다.

정상회담에 사용된 자동차를 A사에서는 단지 중고차로만 생각했다면, B사는 이것을 기념품으로 바라보았다. A사는 중고차 처리 과정에 따라 차량을 처리했고, 똑같은 차량을 기념품으로 바라본 B사는 자동차를 사용한 VIP에게 사인을 받는 작은 행동을 통해 그 차에 가치를 부여했다. 중고차로 보느냐, 기념품으로 보느냐에 따라 차의 가치가 달라진 것이다.

대상을 바라보는 시각이 그것의 가치를 만든다. 중고품으로 바라보면 중고품이 되고, 기념품으로 바라보면 기념품이 된다. 생산적인 아이디어를 만들고 싶다면 지금 내가 고민하고 있는 대상을 중고품이 아닌 기념품으로 바라보는 시각이 필요하다.

1998년에 발행된 500원짜리 동전이 화폐 수집상에서는 비싼 가격에 거래된다. IMF 시절이던 1998년에는 500원짜리 동전을 거의 발행하지 않아서 매우 희소하다고 한다. 화폐 수집상에서는 100만 원에도 거래되는 1998년의 500원짜리 동전을 시장에서 콩나물을 사는 데 쓴다면 어떨까? 시장에서 그 동전은 그냥 500원일 것이다. 화폐 수집상에서 100만 원을 받을 수 있어도, 일반 시장에서는 500원일 뿐이다. 생각과 아이디어도 비슷하다. 내가 그것을 어떻게 받아들이고 어떻게 바라보느냐에 따라 중고품이 되기도 하고 기념품이 되기도 한다. 당연히 중고품보다는 기념품이 좋지 않은가?

자연에서
아이디어를 얻어보자

다음 쪽 사진에 보이는 높이 9미터에 달하는 대나무 바구니 타워의 이름은 와카워터(wakawater)다. 이것은 공기 중에 있는 미세한 물방울을 모아서 사람이 마실 수 있게 해주는 장치다. 이탈리아의 디자이너 아르투로 비토리(Arturo Vittori)가 만든 것으로 아프리카 지역의 물 부족 문제에 대한 해결책으로 제시되었다. 아프리카의 물 부족 문제는 매우 심각하다. 이 문제를 해결하기 위해 전 세계에서 많은 사람들이 고민하고 있다. 다양한 해결책이 제시되는 가운데, 그중에서도 와카워터는 크게 주목받고 있다.

© Gabriele Rigon

　와카워터는 낮과 밤의 기온 차로 생기는 이슬을 모아 물을 만드는 것이다. 골풀의 줄기를 엮어 만든 틀 안에 나일론 등의 소재로 된 그물이 내부에 매달려 있는 구조다. 차가운 공기가 모여 이슬이 맺히면 아래로 흘러내려 탑 아래쪽 물통으로 모인다. 물통에는 수도꼭지가 달려 있어 사람들이 물을 받아갈 수 있다. 주위에서 쉽게 구할 수 있는 골풀을 엮어 줄기를 만들고, 몇 명이 모여 설치할 수 있는 구조물이라 큰 비용을 들이지 않고도 원하는 곳에 쉽게 세울 수 있다.

　우리가 항상 경험하는 낮과 밤의 기온 차로 생기는 아침 이슬이 와카워터의 출발점이다. 와카워터에서 우리가 주목해야 할 것은 자연에서 아이디어를 가져오는 것이다. 우리가 먹는 것, 입는 것, 사용하는 물건, 사람을 치료하는 약 등 상당수가 자연에서 아이디어를 얻은 것이다.

　예를 들어 레이더의 기본 원리는 반사된 음파를 사용하는 박쥐에게서 얻은 것이다. 항공기 화물칸 문을 여닫는 기술은 조개가 열렸다 닫히는 과정을 응용한 것이다. 담배 포장지를 한 번에 벗기는 방법이나, 통조림을 쉽게 따는 방법은 완두콩의 깍지 이음매가 다른 부분보다 약하다는 사실에서 착안한 것이다.

자연에서 아이디어를 얻은 또 하나의 대표적인 사례는 아프리카 짐바브웨에 있는 에어컨 없는 빌딩 이스트게이트 센터(Eastgate center)다. 건축가 믹 피어스(Mick Pearce)는 에너지 소비량을 줄이기 위해 에어컨이 없어도 내부 온도를 시원하게 유지하는 건물을 설계하고 싶었다. 그는 다양한 방면으로 이 문제를 고민했다. 그러던 중 그가 아이디어를 얻은 것은 개미집이었다. 개미집은 큰 일교차에도 불구하고 내부의 독특한 구조 때문에 온도와 습도를 일정하게 유지한다. 믹 피어스는 그것을 건물에 적용했다. 개미집처럼 건물 곳곳에 통풍구를 만들어 내부 온도가 24도를 유지하도록 했다. 이스트게이트 센터의 에너지 소비량은 주변에 있는 다른 건물의 10퍼센트 미만이라고 한다. 이 건물이 화제가 되면서 호주 멜버른의 시의회 청사도 동일한 방식으로 설계되었다고 한다.

경영의 아이디어도 자연에서 얻은 것이 많다. 이탈리아의 사회학자 파레토는 조직의 20퍼센트가 전체 성과의 80퍼센트를 만들고, 나머지 80퍼센트가 20퍼센트의 성과를 만든다는 80:20 법칙을 발표했다. 이것은 핵심 인재에 집중하고 주요 고객을 관리하는 경영의 기본 이론이 되었다. 파레토는 이 법칙을 개미를 보고 발견했다. 개미들 중 20퍼센트만 열심히 일하고 나머지 80퍼센트는 그럭저럭 시간만 때우는 것을 보고, 몇 가지 관찰을 추가하여 80:20 법칙을 완성했다고 한다.

　자연은 우리의 좋은 스승이다. 자연에서 아이디어를 얻어보자. 지금 내가 고민하고 있는 문제나 나에게 필요한 아이디어를 자연은 이미 활용하고 있다. 그것을 찾아보자.

착한 가치를 만들어보자

품질에 비해 가격이 저렴하면 착한 가격, 몸매가 좋은 여성에게 는 '착한 몸매', 포만감을 주면서도 살이 안 찌는 '착한 야식', 이렇 게 긍정적이고 좋은 가치에 '착하다'는 말을 붙이는 것이 유행이다. 실 제로 '착한' 것은 사람들에게 어필한다. 그래서 우리는 선한 것, 착한 가 치를 만들어야 한다. 내가 만드는 아이디어가 착한 가치를 추구할 때 고객에게 감동을 줄 수 있다. 거꾸로 선하고 착한 가치를 담으려고 할 때 새롭고 참신한 아이디어가 만들어진다.

비즈니스란 상품이나 서비스를 고객에게 제공하고, 그 대가로 돈을 받는 것이다. 내가 고객에게 큰 가치를 주면 줄수록 더 많은 돈을 받게 된다. 그래서 고객에게 더 많은 가치를 주는 상품이나 서비스를 만들어야 한다. 고객에게 많은 가치를 주려면 고객에게 공감을 이끌어내고 어필할 수 있어야 한다. 공감을 이끌어내고 어필하는 가장 좋은 가치는 선(善)이다. 한마디로 착한 가치다.

높은 성과는 공감하는 능력에서 만들어진다. 1989년 1월에 처음으로 당시 소련을 방문한 현대그룹의 정주영 회장은 소련 총리를 역임했던 실력자 예브게니 프리마코프 동방학연구소 소장을 만났을 때 "나는 한국에서 온 프롤레타리아입니다"라고 자신을 소개했다고 한다. 주변에 있던 사람들이 그의 발언에 크게 당황했다. 그러자 정주영 회장은 이렇게 말했다.

"나는 가난한 농부의 자식으로 태어났고 소학교밖에 못 나와 동창생이 없습니다. 노동으로 돈을 벌었기 때문에 나보다 프롤레타리아로서 더 성분이 좋은 사람은 없습니다."

그의 말에 프리마코프 소장은 감동했고, 정주영 회장과 사업 합작을 논의했다고 한다. 이 일화가 보여주듯이 비즈니스의 시작은 상대에게 공감하고 상대를 감동시키는 데 있다.

인간의 가장 기본적인 마음은 착한 마음이다. 세상에 나쁜 놈과 일하고 싶어하는 사람은 아무도 없다. 어떤 사람들은 가격이 약간 더 비싸더라도 착한 일을 하는 가게의 물건을 팔아주고 싶어한다.

예를 들어 커피를 생각해보자. 커피는 지구상에서 석유 다음으로 많이 거래되는 상품이다. 그런데 무려 5000원에 이르는 프랜차이즈 커피 한 잔당 생산자에게 돌아가는 이윤은 고작 10원 정도에 불과하다고 한다. 커피에서 나오는 이윤의 90퍼센트를 중간 무역상이나 소매업자가 가져가기 때문이다. 가난한 어린이들이 커피 농장에서 노동 착취를 당하는 일이 빈번하게 벌어지고 있다. 상황이 이렇다 보니, 어떤 커피 회사들은 자신들이 파는 커피는 노동 착취를 하지 않는다는 것을 공개적으로 인증하고 있다. 내가 마시는 커피가 불쌍한 어린이의 노동력을 착취한 결과물이라면 아마 대부분의 사람들은 그런 커피를 마시고 싶어하지 않을 것이다. 반대로 커피 한 잔이 지구 반대편에 사는 어린이가 밥을 먹고 학교에 다니는 데 도움이 된다면 기왕이면 그 커피를 마시고 싶어할 것이다.

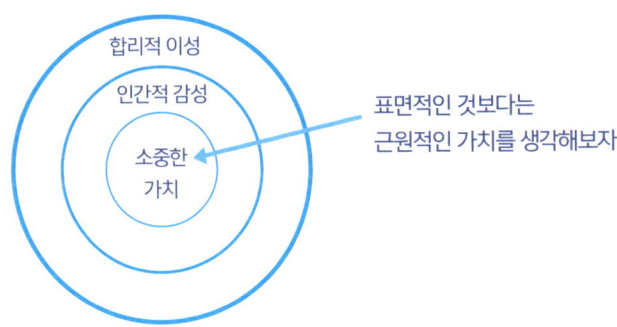

사람의 마음을 움직이는 착한 가치를 만들어보자. 고객이 공감할 수 있는 아이디어만이 성공적인 비즈니스로 이어진다.

Recipe 61

공간을
바꿔보자

공간이 우리의 생각에 영향을 줄까? 책상 앞에 앉아서 생각하는 것과 회사 앞 카페에서 생각하는 것 또는 건물 옥상에 올라가서 생각하는 것 사이에 차이가 있을까? 사람들의 의견은 '분명 차이가 있다'이다. 그래서 공간을 크게 바꿀 수 없다면 창문이라도 열어보라고 전문가는 조언한다. 그 문으로 아이디어가 들어올 것이라고.

실제로 공간은 우리의 생각에 많은 영향을 준다. 그래서 공간을 바꾸면 뇌를 변화시킬 수 있다. 천장이 높으면 창의력을 높이고, 천장이 낮으면 집중력을 강화한다고 한다. 실험으로 이 사실을 증명한 사람이 있다. 미국 미네소타 대학의 조운 메이어스 – 레비 경영학 교수는 천장 높이가 3미터인 방과 2.4미터인 방에 100명을 나눠 넣고 문제를 풀게 했다. 그 결과 천장이 높은 방에서 문제를 푼 학생들은 자유롭고 창의적으로 생각하는 경향을 보였고, 천장이 낮은 방에서 문제를 푼 학생들은 일을 꼼꼼하게 처리하는 데 강점을 보였다.

우리의 일상적인 공간은 너무 획일적이다. 아파트, 회사, 교실 등 대부분의 장소가 획일적인 구조에다 천장 높이가 일정하다. 이런 획일적인 공간은 우리의 생각을 획일적이고 고여 있게 한다. 그래서 미국 실리콘밸리의 소프트웨어 회사들은 사무실 공간을 다양하고 재미있게 꾸미려는 시도를 하고 있다. 사무실 안에서 당구도 치고 농구도 즐긴다. 마크 저커버그 페이스북 최고경영자는 자신의 페이스북에 신사옥 항공 사진과 내부 사무 공간을 공개했다.

하늘에서 보면 커다란 옥상정원이 보인다. 내부는 2800여 명의 직원이 하나로 연결된 초대형 사무 공간에서 함께 일하도록 설계되었다. 축구장 7개를 합쳐놓은 크기인 약 4만 제곱미터의 사무 공간을 벽 없이 뻥 뚫어놓은 것이 인상적이다. 개방형 실내 사무 공간으로는 세계에서 가장 넓다고 한다.

전통적인 사무실 배치는 효율적인 업무 진행과 감시 감독을 염두에 둔 것이다. 직급이 낮은 사람부터 높은 사람 순으로 배치되는 사무실의 구조는 공장과 닮아 있다. 공간 자체가 수직적이고 관료주의적인 구조로, 직원들을 관리하고 감독하는 것에 초점이 맞춰져 있을 뿐 창의적인 업무와는 거리가 멀다. 당연히 이런 공간에서는 창의적인 아이디어가 나오기 어렵다.

유연하고 창의적인 아이디어를 원한다면 일하는 공간부터가 유연하고 자유로워야 한다. 수평적인 문화가 중요하다고 생각한다면 수평적인 공간을 갖춰야 한다. 의사소통이 중요하다고 생각한다면 칸막이부터 낮은 것으로 바꿔 서로 쉽게 소통할 수 있게 해야 한다. 집중하여 일하는 것을 요구하기 위해서는 집중하여 에너지를 쏟는 중간중간의 시간에 에너지를 보충할 수 있는 여유로운 휴식 공간이 반드시 필요하다. 창의적인 아이디어를 위해서는 공간이 중요한 역할을 한다는 것을 잊지 말자.

일하는 공간을 자주 바꿀 수 없다면 의도적으로 가끔씩 다양한 곳에서 시간을 보내보자. 카페에서 커피를 마시며 아이디어 회의를 하거나, 또는 팀원들과 시장을 한 바퀴 돌고 기분전환을 하면서 아이디어 미팅을 하는 것이다. 이렇게 공간을 바꾸는 노력이 새로운 아이디어를 발견하는 데 꼭 필요하다.

다른 사람에게 물어보자

새로운 아이디어를 얻는 가장 쉬운 방법은 다른 사람에게 아이디어를 물어보는 것이다. 동료 또는 나의 일에 대해 전혀 모르는 사람에게 의견이나 아이디어를 물어보자. 운이 좋으면 정말 엉뚱한 사람이 생각지도 못했던 아이디어를 '툭' 내놓는 경우가 있다. 놀랍게도 그런 일이 생각보다 자주 일어난다.

어떤 고민을 시작할 때, 우리의 생각은 일정한 영역에 머무르게 된다. 특정 문제를 바라보는 우리의 시선은 한곳을 향한다. 하지만 새로운 아이디어는 내 생각이 머무르지 않는 영역에 있다. 따라서 다른 사람과 문제에 대해 이야기하고 아이디어에 대한 조언을 구하며 생각의 영역을 넓히고 다른 방향에서도 문제를 바라보는 기회를 만들어야 한다. 그래야 의외의 곳에서 새로운 생각을 얻을 수 있다.

　같은 것도 다른 방향에서 보면 전혀 새롭게 다가온다. 다음 작품은 마르쿠스 뢰츠(Markus Raetz)의 작품이다. 한쪽에서 보면 'YES'로 보이고, 다른 쪽에서 보면 'NO'로 보인다. 하나의 조각이 보는 방향에 따라 YES와 NO라는 전혀 반대의 글자로 보이는 것이 재미있다. 우리의 일도 이 작품처럼 보는 방향에 따라 전혀 다르게 보일 수 있다.

　캐나다 토론토에 골드코프(Goldcorp Inc.)라는 금광회사가 있었다. 이 회사는 새로운 금광을 찾고 있었다. 하지만 별다른 진전이 없었다. 기존 금광은 고갈되었고 회사는 망하기 일보직전이었다. 미래에 대한 아이디어를 고민하던 회사의 CEO는 리눅스와 같이 자신들이 개발한 소프트웨어의 모든 코드를 공개하는 오픈소스 개발자들의 모임에 관한 이야기를 듣게 되었다. 그는 회사의 문제 해결책을 다른 사람들에게 공개적으로 묻기로 결정했다.

2003년 3월에 골드코프는 회사의 모든 기밀을 인터넷에 공개하고 총 57만 6000달러의 상금을 걸고 '금맥 찾기 콘테스트'를 열었다. 수천만 평에 이르는 광산과 채굴에 관한 정보를 웹사이트에 공개하자 수십 개 나라의 전문가들이 콘테스트에 참가했다. 참가자들은 전문 지질학자부터 컨설턴트, 장교까지 다양했으며, 정말로 다양한 아이디어들이 쏟아졌다. 결과는 대성공이었다. 110곳의 후보지를 찾아냈으며 80퍼센트 이상의 곳에서 상당한 양의 금이 나왔다고 한다. 그 결과 1억 달러 정도의 매출을 올리던 골드코프는 90억 달러의 매출을 올리는 회사로 급성장했다.

우리에게 필요한 것은 다양한 관점이다. 똑같은 문제도 다른 관점으로 바라보면 전혀 새로운 해결책이 나올 수 있다. 다른 관점에서 바라보고, 기존의 방법과 다르게 접근해야 새로운 아이디어를 얻을 수 있다. 다양한 관점을 얻는 가장 강력한 방법이 바로 다양한 사람들과 이야기를 나누는 것이다.

르네상스를
생각하자

유럽의 르네상스 시대에 창의성이 꽃을 피웠던 것은 교역이 활발해지면서 다양한 문화와 생각이 섞일 수 있었기 때문이다. 상업이 발달하고 교류가 많아지면서 서로 다른 영역에서 다른 문화를 가진 사람들이 모여들어 더 새로운 문화를 만들었다.

순종보다 잡종이 강하다. 하나의 영역에서 자신의 것만을 지키기보다는 다양한 영역에서 더 좋은 것을 취사선택하여 만드는 것이 더 강하다. 중세의 문화가 순혈주의였다면, 르네상스는 잡종의 문화다. 순수한 혈통으로 만들어진 문화보다는 서로 다른 것의 이종 결합이 더 새롭고 창의적이다. 우리는 순혈주의를 좋아하는 고정된 틀을 갖고 있다. 그

틀을 과감하게 깨고 더 많이 개방할 때 더 새롭고 창의적인 삶을 살 수 있다.

창의성에 관한 고정관념의 하나는 아이디어가 어느 순간 "아하!" 하고 떠오른다는 것이다. 아르키메데스의 유레카와 같은 순간을 생각한다. 또는 뉴턴이 나무에서 사과가 떨어지는 것을 보며 "아하!" 하고 만유인력의 법칙을 깨달았다고 믿는다. 아르키메데스가 목욕탕에서 알몸으로 뛰어나온 것도, 뉴턴의 사과도 모두 지어낸 이야기일 가능성이 높다. 아이디어는 하늘에서 떨어지듯이 한 명의 천재가 어느 날 '뚝딱' 만들어내는 것이 아니다. 만유인력의 법칙도 뉴턴이라는 천재가 독자적으로 발견했다기보다는 그가 살았던 시대에 누적된 지식과 관찰들이 그의 노력을 통해 머릿속에서 연결되었다고 보는 편이 맞을 것이다.

탁월한 아이디어는 여러 사람의 생각과 아이디어가 섞이고 연결되어 만들어진다. 영국의 뉴턴과 독일의 라이프니츠가 동시에 미적분법을 발견했다는 사실은 그들이 천재적인 영감으로 미적분을 창조한 것이 아님을 말해준다. 그들이 살았던 시대가 학문적으로 성숙해서 미적분이 탄생할 수 있는 조건이 되었던 것이다. 개인의 노력도 필요하지만, 르네상스와 같은 분위기를 만드는 것이 더 중요하다는 것을 우리는 생각해야 한다.

많은 사람들이 발견하는 사실 중 하나는 탁월한 아이디어는 서로 다른 분야 간의 접목이나 융합 등에서 발현될 가능성이 높다는 것이다. 한 분야에서 특정 기술을 갈고닦은 전문성을 가진 장인보다는 오히려 이것저것 다양한 경험을 거친 사람이 더 많은 창의성을 발휘한다. 때로는 서로 다른 분야의 전문가들이 서로 연결되고 융합될 때 독특한 아이디어가 나온다.

예를 들어 갑골문자를 연구하는 학자들은 의사들과 공동 연구를 하기도 한다. 갑골문자로 적힌 대부분의 내용이 병을 낫게 해달라는 기도문이기 때문이다. 그래서 갑골문자를 해석하면 중국 은나라 사람들이 어떤 병을 많이 앓았는지 파악할 수 있다고 한다. 반대로 병에 대한 지식이 많으면 갑골문자로 남긴 기록을 정확하게 유추할 수 있다.

창조적 리더십을 가진 CEO들은 한결같이 다양한 관심과 서로 다른 영역을 넘나드는 탁월한 능력을 가지고 있다. 정보화 시대를 이끌었던 창의적인 천재 빌 게이츠는 영국 《가디언》과의 인터뷰에서 다음과 같이 말했다.

나는 매일 밤 독서를 한다. 대중적인 신문이나 잡지 외에 한 가지 이상의 주간지를 처음부터 끝까지 읽는 습관이 있다. 만일 내가 과학과 비즈니스 등 관심 분야의 잡지만 읽는다면, 잡지를 읽고 나서도 내게 아무런 변화가 일어나지 않을 것이다.

다른 영역에 대한 관심과 거기에서 창의성의 실마리를 찾는 통찰력

이야말로 무한경쟁의 시대에 강력한 무기가 될 수 있다. 창의성의 비결은 다양성과 경계 넘나들기에 있다. 경험의 다양성, 사상의 다양성, 방법의 다양성은 창의성의 밑거름이 되고 서로 다른 사고, 개념, 아이디어, 기법, 철학, 사상의 융합은 창의성의 원동력이 될 수 있다. 창의적인 사회는 이질적인 사상과 개념이 자연스럽게 공존하고 서로 다른 영역들이 소통하고 만나는 사회다. 창의적인 사회를 만들기 위해서는 창의성과 다양성이 자연스러운 문화로 받아들여지는 환경부터 만들어야 한다.

Recipe 64

남에게 비판받을 짓을 생각해보자

혁신적인 아이디어의 첫인상은 어떤 것일까? 처음 들었을 때 "이거다!"라는 강렬한 인상을 주는 것을 생각할 수 있겠지만, 사실 혁신적인 아이디어의 첫인상은 "바보 같다"이다. 사람들은 일정한 생각의 틀을 갖고 있다. 상식의 영역이 있다. 그런 틀에서 벗어나고 그런 영역에서 벗어나면 비판이 날아올 수 있다. 이 때문에 사람들은 기존의 생각 틀과 영역에서 벗어나지 않으려 한다. 물리학의 관성 법칙이 생각과 관습에도 작용해서 그것이 쉽게 깨지고 뒤집히는 것을 막으려 하기 때문이다. 그런데 탁월한 아이디어나 혁신적인 아이디어는 항상 상식을 뒤집고 생각의 틀을 깨는 것이다. 그래서 그런 혁신적인 아이디어를 처음 대하면 바보 같다거나 이상하다는 생각이 들 수밖에 없다.

사례를 살펴보자. 아래 왼쪽 사진은 신부와 수녀가 키스를 하고 있는 베네통의 유명한 광고다. 도발적인 장면으로 논란이 되었던 광고다. 이후 베네통은 계속 각국의 정상들이 키스를 하는 광고를 내놓으며 논란을 불러일으켰다. 비난도 많았지만, 베네통을 세계적인 회사로 각인시키는 효과를 거두었다.

맨 오른쪽 사진의 주인공은 목사다. 그는 특이하게 트로트를 부른다. 2014년 한 케이블 TV의 트로트 경연대회에 참여하여 결승전까지 진출했다. 목사가 대중가요를 부르는 모습은 쉽게 상상이 가지 않는다. 물론 부르지 않을 이유도 없지만 특히 트로트를 젊은 목사가 공개적으로 부르는 것은 쉽지 않았을 것이다. 하지만 구자억 목사는 대중에게 더 다가가기 위해 트로트를 부르는 것이 좋겠다고 판단했고, 트로트를 부르며 선교 활동을 하고 있다.

새로운 아이디어를 채택할 때는 비판받을 각오를 해야 한다. 실제로 비판을 받기도 해야 한다. 그래야 새로운 것이다. 기존의 아이디어들이 비판이라는 장벽에 에워싸여 있다면, 비판을 감수하고 장벽을 허물어야 한다. 그래야 새롭고 혁신적인 아이디어가 태어난다. 탁월한 아이디어에 대한 유명 인사들의 말을 들어보자.

알베르트 아인슈타인(Albert Einstein)：어떤 아이디어가 떠올랐을 때, 그것이 불합리해 보이지 않는다면 그것은 이미 가능성이 없다.

마크 트웨인(Mark Twain)：새로운 아이디어를 가진 사람은 아이디어가 성공하기 전까지는 괴짜 취급을 받는다.

버트런드 러셀(Bertrand Russell)：당신의 의견이 별나다고 해서 위축되지 마라. 지금 세상이 용인하는 의견들은 한때 이상하다고 생각되던 것들이다.

테드 터너(Ted Turner)：혁신적인 아이디어를 제시할 때 사람들이 비웃지 않는다면, 그 아이디어는 좋은 것이 아닐 확률이 높다.

쇼펜하우어(Schopenhauer)：모든 진리는 세 단계를 거친다. 첫째, 조롱당한다. 둘째, 강한 반대에 부딪힌다. 셋째, 자명한 것으로 인정받는다.

이 과정을 기술적으로 정리하면 다음과 같은 방법으로 아이디어를 만들어볼 수 있다.

① 획기적이지만 비현실적인 생각을 던진다.
② 그 생각의 장점과 흥미로운 점을 중심으로 생각한다.

③ 장점과 흥미로운 점을 살릴 수 있도록 생각을 변형시켜가며 아이디어를 만든다.

예를 들어 생각해보자. 먼저 엉뚱한 아이디어 하나를 던진다. "비행기 날개 위에 좌석을 만들자"라는 생각에서 출발해보자.

① 비행기 날개 위에 좌석을 만들자.
② 비행기 날개 위에 좌석이 있다면 주변 경치를 원 없이 보겠군. 밤에는 별들이 바로 눈앞에 있는 것처럼 보이겠어. 정말 짜릿하겠군.
③ 그럼 기내에서 밖을 볼 수 있게 하면 되겠네. 비행기 주변에 여러 대의 카메라를 설치해서 좌석에 앉아서 자유롭게 볼 수 있게 하면 어떨까. 기내 벽에 스마트 스크린을 설치해서 원하는 사람은 넓은 화면으로 비행기 주변을 360도 모두 볼 수 있게 하면 좋겠어.

탁월한 아이디어를 위해 우리는 테드 터너가 말한 것처럼, 남들이 비웃을 아이디어를 만들어야 한다. 쇼펜하우어가 이야기한 것처럼, 사람들에게 조롱당할 아이디어를 제시해야 한다. 그렇게 비웃고 조롱당하는 아이디어에서 출발하여 그것을 진화시키고 상황에 맞게 적용하는 것이다. 탁월한 아이디어는 그렇게 만들어진다.

예술 작품을 보자

예술가는 항상 새로운 것을 추구한다. 새로운 것을 시도하고 기존의 권위에 도전하는 것이 바로 예술이다. 한마디로 예술은 생각의 틀을 깨는 일이다. 따라서 생각의 확장을 경험하는 가장 좋은 방법이 예술 작품을 보는 것이다.

마르셀 뒤샹은 일상용품 가게에 가서 소변기를 사다가 〈샘(Fountain)〉이라는 제목을 붙였다. 그것이 전부다. 그리고 그는 그것을 예술 작품이라고 주장했다. 그러자 사람들이 미친 짓이라고 비난했다. 어떻게 자신이 만든 것도 아닌 가게에서 파는 소변기를 가져다 놓고 예술 작품이라고 주장할 수 있는가? 하지만 뒤샹은 바로 그런 고정관념을 깨고 싶었다. 예술 작품이란 예술가가 오랜 시간 심혈을 기울여 만들어낸 것이라는 통념에 대한 도전이었다. 처음에는 많은 사람들의 비난이 이어졌다. 하지만 그의 작품이 기존의 상식을 뒤집는 새로운 시도라는 것을 인정하는 사람들이 늘면서 〈샘〉은 현대 미술의 가장 영향력 있는 작품의 하나가 되었다. 이런 것이 예술가의 도전이고 새로운 아이디어다.

　화가는 눈에 보이는 것을 그대로 그리지 않는다. 어떤 사람은 감정을 그림으로 표현하고, 어떤 사람은 음악을 그림으로 그린다. 때로는 대중문화에서 소재를 가져오기도 하고, 때로는 만화를 옮겨 그려 작품을 만들기도 한다. 낙서가 예술 작품이 되어 비싼 가격에 팔리는 것을 보면 예술은 정말 이해하기 힘들다. 그리고 그런 면이 때때로 호기심을 자극하기도 한다. 왜냐하면 내가 이해하지 못하는 어떤 부분에는 분명 새로운 아이디어가 있을 테니까 말이다.

잭슨 폴록의 일생을 다룬 영화
〈폴록〉의 한 장면

새롭고 독특한 시도를 한 예술가로 잭슨 폴록을 빼놓을 수 없다. 그는 매우 독특하게 그림을 그렸다. 엄밀하게 말하면 잭슨 폴록은 그림을 그린 것이 아니라 물감을 뿌렸다. 그는 바닥에 캔버스를 깔아놓고 물감을 뿌리고 흘리며 작품을 만들었다. 그것이 예술 작품이 될 수 있을까? 너무나 엉뚱하고 새로운 그의 작품은 자유를 추구하던 당시의 시대상과 맞물려 큰 인기를 얻었다. 숙련된 붓질에 따분함을 느끼던 대중에게 그의 작품은 새롭고 신선한 충격을 주었다. 캔버스에 아무렇게나 물감을 뿌린 것 같은 그의 작품 〈No 5. 1948〉은 2006년에 1억 4000만 달러에 팔렸다. 우리 돈으로 1500억 원이 넘는 액수다. 예술은 새로운 작품, 새로운 생각뿐만 아니라 새로운 큰돈도 창조하는 것 같다.

새로운 아이디어를 찾고 있다면, 예술 작품을 보며 예술가들의 생각을 따라가보자. 우리는 예술가를 이상하고 정신 나간 사람으로만 생각하기 쉽다. 하지만 새로운 것에 대한 그들의 열망을 이해하고 나에게 필요한 것을 배워보려는 자세가 필요하다. 피카소의 일화를 소개한다.

어느 날 피카소가 기차를 타고 가고 있었다. 옆 좌석의 승객이 피카소를 알아보고 말을 걸었다.

"당신 같은 예술가는 왜 있는 것을 그대로 그리지 않고 멋대로 그리나요?"

"있는 것을 그대로 그리는 것이 어떤 겁니까?"

피카소의 말에 그 승객은 자신의 아내 사진을 보여주며 말했다.

"이렇게요. 사진은 정말 내 아내와 똑같죠."

피카소는 그 사진을 주의 깊게 살펴보았다.

위에서도 보고, 아래에서도 보며 진지하게 관찰하던 피카소는 이렇게 말했다.

"당신 부인은 매우 작군요. 그리고 아주 납작해요."

즐겁게
놀자

혁신적인 기업은 직원들이 재미있게 놀면서 일하는 분위기를 만들어주어야 한다고 강조한다. 왜냐하면 창의적인 아이디어는 책상 앞에서 수학 문제 풀듯이 매달린다고 얻어지는 것이 아니기 때문이다. 공부하듯이 대할 게 아니라 오히려 재미있게 놀이를 하듯이 대할 때 혁신적인 아이디어가 탄생한다. 나일론이 그런 대표적인 사례다.

듀폰 사는 실크와 똑같은 성질을 가진 합성 섬유를 만들기 위해 세계 최고의 유기화학자를 고용해서 연구팀을 만들었다. 하지만 연구팀에서 만든 섬유들은 강도나 외관에서 도저히 천연 실크와 견줄 수 없었다. 실망한 연구팀은 심기일전하여 다시 도전하기로 했다. 우선 처진

기분을 끌어올리기 위해 실을 길게 늘이는 시합을 벌였다. 새로 개발한 재료를 한 숟갈 떠낸 다음 한쪽 끝을 유리 막대에 붙이고는 잡아당기기 시작했는데, 새 재료는 놀랄 만큼 탄력이 있었다. 연구원들은 실을 길게 늘이며 재미있어 했다. 더욱 놀랍게도 최대한 당겨진 재료는 갑자기 구조가 바뀐 것처럼 가느다랗고 부드러워졌다. 이렇게 전혀 예상치 못한 실험이 나일론 발명의 시작이었다. 그렇게 해서 나일론 스타킹이 처음으로 대중에게 선보였을 때, 단 몇 시간 만에 400만 켤레 이상이 팔려나갔다. 뿐만 아니라 이 기막힌 물질의 발견은 마이크로필름, 오디오 카세트, 컴팩트 디스크 등의 개발로 이어졌다.

프리스비 역시 재미로 놀다가 세상에 태어난 상품이다. 새로운 것을 시도해보기 좋아하는 한 예일 대학 학생이 캠퍼스 근처에 있는 프리스비 베이커리에서 버린 파이 접시를 가지고 뭔가 재미있는 놀이를 할 수 없을까 생각했다. 그는 파이 접시를 뒤집어서 친구에게 던졌다. 두 사람은 금방 원반의 공기역학적 형태 덕분에 접시가 상당히 멀리 날아가

는 동안에도 믿을 수 없을 정도로 안정적이라는 것을 알아챘다. 그리고 원반을 던지고 받는 것이 매우 재미있는 놀이가 된다고 생각했다. 하늘을 나는 원반 이라는 아이디어는 곧 상

품화되었고, 매년 수십만 개의 프리스비가 전 세계에서 팔리고 있다. 이 모든 것의 시작은 두 학생이 뒤집은 파이 접시를 가지고 뭔가 재미있는 놀이를 하려는 시도였다.

젊은 나이에 노벨 물리학상을 수상한 리처드 파인만에게 기자가 물었다. "당신은 하루에 몇 시간이나 물리학 공부를 합니까?" 파인만은 대답할 수가 없다고 말했다. 그는 특별히 시간을 정해서 공부하지 않고 놀이를 하듯 물리학을 즐겼기 때문이다. "나는 물리학을 가지고 놀았다. 내가 하는 일이 핵물리학의 발전에 중요한가 아닌가는 상관이 없었다. 나는 다만 내가 가지고 놀기에 재미있고 즐거운가에만 관심이 있었다." 노력하는 사람보다는 일을 즐기는 사람이 더 좋은 성과를 낸다. 2002년 한일 월드컵에서 탁월한 리더십을 보여준 히딩크 감독은 선수들에게 창의적인 플레이를 요구했다. 그는 이렇게 말했다.

"축구를 즐겨라. 축구를 즐기다 보면 경기를 지배하게 되고 승리도 하게 된다."

죽기살기로 의무감에 뛰는 사람보다는 경기를 즐기는 사람이 더 좋은 성과를 낼 수 있다. 우리도 마찬가지다. 너무 진지하기만 하면 생각 자체가 딱딱해진다. 유연하고 새로운 아이디어는 진지함보다는 재미있게 즐길 때 얻어진다. 창의적인 아이디어를 위해서는 상황을 즐겨야 한다.

Recipe 61

네 가지를 채우며
생각하자

어떤 사건에 대해 글을 쓰거나 말로 전할 때는 육하원칙(5W1H: what, who, when, where, why, how)에 따르면 좋다. 여러 가지 생각이 동시에 들면 뒤죽박죽이 되어 중요한 것을 놓칠 수도 있다. 그때에 유용한 것이 육하원칙이다. 5W1H를 각각 채워보면 내용이 겹치거나 빠지는 것이 없이 일목요연하게 생각을 전달할 수 있다.

유용한 생각의 도구 하나를 소개한다. 고민해야 할 문제나 이슈가 있을 때에는 4개의 칸을 그려보라. 그리고 4개의 칸에 지금 고민하는 것을 써보자. 이렇게 써보면 문제를 정확히 파악하게 되고 나에게 필요한 아이디어가 자연스럽게 따라오게 된다.

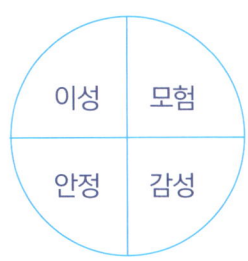

　가령 1박 2일로 여행을 떠난다고 생각해보자. 어디로 갈 것인지, 얼마의 돈을 쓸 것인지, 누구와 갈 것인지, 어떤 경험을 할 것인지 등등을 정해야 한다. 이렇게 하나 이상의 것을 다양하게 생각하다 보면 머리가 복잡해지고 어떤 것을 어떻게 생각해야 할지 혼란스러워 진다. 그럴 때 4개의 칸을 그려보면 된다.

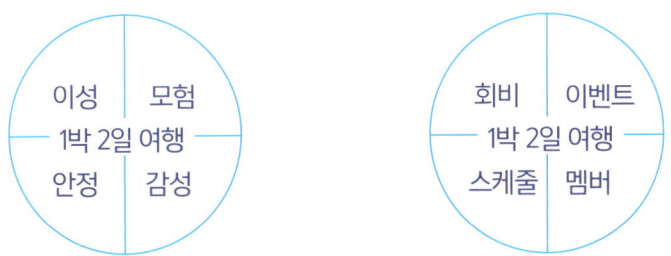

　친구들과 놀러 가기로 했다면 우리는 무엇을 먼저 생각할까? 이성적인 사람은 '회비를 얼마 걷을까?' 하는 현실적인 생각을 먼저 할지 모른다. 감성적인 사람은 누구와 갈 것인지를 더 중요하게 생각한다. 안정적인 사람은 일정을 짤 것이고, 모험적인 사람은 재미있는 이벤트 거리를 찾는다. 4개의 칸을 만들고 각각의 칸에 네 가지 영역의 생각을 채워 나가는 것이 효과적인 생각의 기술이다.

4개의 칸은 네드 헤르만(Ned Herrmann)이 《창의적인 대뇌》에서 제시한 전체 대뇌 모형(whole brain model)에서 온 것이다. 네드 헤르만은 인간의 뇌를 4개의 영역으로 나누었다. 그에 따르면 한 사람 안에는 이성적인 자아와 감성적인 자아, 안정적인 자아와 실험적인 자아, 모두 4개의 자아가 있다. 이것을 간단하게 A, B, C, D 영역으로 나눠서 다음과 같이 표현한다.

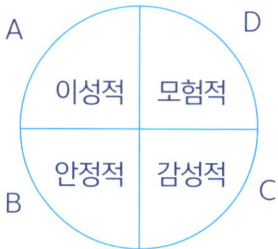

이성이 강한 사람은 현실적이고 분석적이다. 반대로 감성이 강한 사람은 대인관계에 민감하고 감정이 풍부하다. 안정적인 사람은 순차적으로 일을 처리하고 계획적이다. 반대로 모험적인 사람은 호기심이 많고 깜짝 놀랄 만한 것을 좋아한다. 이성과 감성은 반대 성향이고, 안정과 모험도 반대 성향이다.

GE의 교육 총책임자였던 네드 헤르만은 어느 날 최고경영자로부터 "어떻게 하면 사람들의 창의력을 개발할 수 있는가?"라는 질문을 받았다. 창의력이 핵심 경쟁력이라고 생각한 최고경영자의 지시로 그는 창의력 개발 프로젝트를 시작한다. 그 결과로 만들어진 것이 전체 대뇌 모형이다. 창의성은 뇌의 4개 영역을 모두 잘 사용할 때 서로 상승 효과를 내어 가장 극대화된다는 것이 그의 결론이었다. 즉, 창의성은 '이성＋감성＋안정＋모험'의 결합에 있다.

우리는 뇌의 4개 영역을 고루 잘 사용해야 한다. 농구선수가 창의적인 경기를 하려면 오른손과 왼손을 모두 잘 사용해야 한다. 축구선수는 오른발과 왼발을 자유자재로 사용해야 한다. 21세기 창조경제 시대에 창의성을 발휘하기 위해서는 A, B, C, D 네 영역을 모두 잘 사용해야 한다. 아이디어가 필요할 때에 전체 대뇌 모형을 활용해보자. 4개의 칸을 그리고, 중앙에 이슈를 써보자. 그리고 4개의 칸을 모두 채워가며 생각을 넓혀보자.

Recipe 68

사람과 기계의 위치를 바꿔보자

아이디어 창출을 어떤 재료를 가지고 물건을 만드는 과정에 비유해보자. 우리는 재료를 이렇게 잘라보기도 하고, 저렇게 붙여보기도 하면서 새로운 물건을 만든다. 때로는 기존의 모습을 유지하면서 특정 부분만을 바꾸기도 한다. 새로운 느낌을 주기 위해 플라스틱을 도자기로 바꿔보기도 하고 때로는 비싼 가죽을 심플하게 천으로 바꿔보기도 한다. 플라스틱을 도자기로 바꾸는 것처럼, 부분을 바꾸는 것을 생각해보자. 특히 사람이 해야 할 일을 기계가 하도록 해보자. 때로는 기계가 하던 일을 사람이 직접 해보자. 기계와 사람의 위치를 바꾸는 것만으로도 새로운 아이디어를 만들 수 있다.

　중동의 부자들은 중요한 날에 낙타 경주를 한다고 한다. 사막에 사는 사람들에게 낙타는 유용한 이동 수단이자 운송 수단이다. 사우디아라비아, 바레인, 아랍에미리트연합(UAE), 카타르 등의 페르시아만 연안의 국가들은 낙타를 경주에도 이용한다. 낙타 경기의 기수는 경마와 마찬가지로 체구가 작은 사람이 유리하다. 아무래도 가벼울수록 스피드도 빨라지고, 무엇보다 낙타에게 덜 고통스러울 테니까 말이다. 그런데 최근 중동의 낙타 경기를 보면 사람이 아닌 작은 로봇이 낙타를 타고 있다. 이 로봇들은 원격으로 조정되며 낙타의 고삐를 당기기도 하고 채찍을

휘두르기도 한다. 사람이 있어야 할 자리에 기계 로봇이 있는 것이다.

사람이 기계로 대체되는 현상은 큰 공장에서 쉽게 볼 수 있다. 그런데 기계가 하던 일을 사람이 하면 비효율적일 수도 있지만, 역설적으로 더 큰 부가가치를 창출하는 경우도 있다. 명품이 대표적인 사례다.

명품 가방은 하나에 1000만 원이 넘기도 한다. 에르메스에서는 가방 하나를 한 명의 장인이 만든다. 여러 사람이 분업하는 것이 아니라, 장인 한 명이 가방 하나를 책임지고 처음부터 끝까지 만든다.

에르메스의 장인이 되기 위해서는 장인학교 3년을 수료하고 엄격한 도제식 수련 생활을 2년 거쳐야 한다. 그런 뒤에야 가방 제작에 참여할 수 있다. 파리 직업학교에 다니는 많은 학생들이 에르메스의 가죽 장인이 되는 것을 꿈꾼다고 한다. 그런가 하면 벤츠는 3년 6개월의 기술 교육을 받고 마이스터 과정을 수료한 최고의 숙련공에게 마이바흐의 생산라인을 맡긴다. 스위스의 명품 시계도 철저한 장인 정신의 산물이다. 스위스 주 정부는 1824년부터 연간 30명 안팎의 스위스인에게만 입학을 허용하는 제네바 시계학교를 운영하고 있다.

이렇게 값비싼 명품에는 그것에 걸맞은 명품 장인들이 있다. 빨리빨리 기계를 돌려 대량생산하는 것과 달리 명품을 만드는 장인들이 그야말로 한 땀 한 땀 정성껏 제품을 완성한다. 명품 장인들은 높은 보수를 받으며 자신의 이름을 걸고 명품을 만들어내고 있다.

대량생산하면 더 많은 돈을 벌 것 같지만, 사실 명품은 그렇지 않다.

오히려 대량생산을 하지 않기 때문에 희소가치를 높인다. 기계가 하는 것을 사람이 하기 때문에 진짜 명품은 바느질이 가방마다 모두 다르다고 한다. 바느질이 모두 일정하고 일률적으로 잘되어 있는 것은 기계로 작업할 때에만 가능한 일이다. 기계로 대량생산하면 바느질이 일정하고 일률적이겠지만, 사람의 손으로 만든 가방은 미세한 차이가 있는 것이 정상이다. 제품마다 품질의 차이가 있다면 문제가 있는 게 아닐까? 이렇게 생각하는 것도 고정관념이다. 장인들은 완벽을 추구하며 만들기 때문에 모든 제품이 최상의 품질을 유지한다고 한다.

Recipe 69

나쁜 놈의 역할을 연기해보자

틀을 깨는 새로운 아이디어를 만들고 싶다. 그래서 우리는 머리를 쓴다. 지식을 재조합해보기도 하고, 생각을 더하고 빼며 조작하기도 한다. 그런데 머리를 쓰는 일보다 더 중요한 일은 배짱을 쓰는 일이다. 새로운 아이디어는 기존의 경계에서 탈피해야 얻을 수 있다. 경계를 탈피하고 정해진 틀을 깨고 규칙을 무너뜨리는 것은 그것을 지키려는 사람의 입장에서는 나쁘게 보인다. 그래서 나쁜 놈이 되어야만 경계를 탈피하고 정해진 틀을 깰 수 있다. 나쁜 놈이 되어서 경계를 탈피하는 것을 화가 마네의 사례로 살펴보자.

　마네의 〈풀밭 위의 점심식사〉라는 그림이다. 당시 사람들은 신화나 성경의 이야기를 그림으로 표현하는 것이 일반적이었다. 그러나 마네는 관념의 세계에서 벗어나서 일상의 가치를 환기시켰다. 전통적인 원근법과 공간감을 무시하고 색채, 색조, 질감에 관심을 가졌다. 그의 작품은 인상파의 출발을 알리는 그림이 되었다. 마네는 최초의 근대 화가로 평가된다.

　이렇게 대단한 작품의 탄생은 순탄하지 않았다. 1863년에 마네는 살롱전에 작품을 출시했다가 낙선한다. 그런데 뜻밖에 나폴레옹 3세의 주선으로 낙선한 그림들을 위한 낙선전이 열린다. 그 낙선전에서 7000명의 관람객을 모으며 논란의 중심이 되었던 작품이 바로 마네의 〈풀밭 위의 점심식사〉다. 비평가들은 마네의 작품을 신랄하게 비판했다. 앞에서 이야기한 것처럼 당시에는 신화나 성경의 이야기를 그림으로 그렸다. 좋은 이야기를 아름답게 그림으로 표현하는 것에만 관심을 가졌다. 그림은 미학적인 구도로 아름답게 표현되어야 했다. 하지만 마네의 그림은 벌건 대낮에 신사들이 벌거벗은 여자와 야외에서 한가롭게 점심을 즐기고 있다. 소재부터가 파격적이다. 점잖은 비평가의 눈에는 불쾌했을 것이다. 더구나 전통적인 원근법과 공간감까지 무시하고 있다. 명암의 표현에도 문제가 있다. 새로운 시도를 이해하기보다는 기본도 모르는 형편 없는 화가로 취급했다.

비평가들에게는 혹평을 들었지만, 대중적인 흥행 성공은 마네를 최고의 화가 반열에 올려놓았다. 비평가들은 음란하고 퇴폐적인 그림이라고 비난했지만, 부르주아의 도덕성을 비판하는 그림으로 인식되면서 대중의 호응은 높아져갔다. 신사처럼 차려입었지만, 매춘을 즐기는 부르주아의 가식과 이중성에 대한 고발로 해석되었던 것이다. 화법 또한 새로운 시도로 인식되며 많은 화가들이 그의 화법을 따라 그리기 시작했다.

새롭고 혁신적인 아이디어는 기존의 틀로 보면 비판의 대상이 된다. 그래서 비판을 두려워하고 눈치만 보고 있다면 새롭고 혁신적인 아이디어는 나올 수 없다. 때로는 새로운 아이디어가 필요할 때, 스스로 문제를 일으키는 사람이 되어보자. 물론 실제로 문제를 일으키라는 말이 아니다. 문제를 일으키는 사람처럼 역할 연기를 해보면 된다. 시간을 정해놓고 나쁜 놈이 되어서 생각해보는 것이다. 누구의 눈치도 보지 않고, 점잖지 못한 망나니가 되어보라. 그렇게 아이디어를 만들고 현실로 돌아와서 그 아이디어들을 평가해본다. 다양한 배역을 설정하여 그 사람이 되어보는 것은 매우 효과적인 생각의 기술이다. 배역을 설정할 때는 나쁜 놈, 욕 먹는 놈, 비난받는 놈의 역할을 해보자. 몰입하고 감정을 이입하여 악당처럼 생각하자. 물론 연극이 끝나면 연극에서 얻은 아이디어만을 들고 현실의 나로 되돌아와야 한다.

Recipe 10

의미를
부어해보자

2010년 4월 14일, 아이슬란드 남부에 위치한 화산이 폭발했다. 거의 200년 만에 다시 폭발한 이 화산은 2010년 사상 초유의 유럽 항공대란을 초래했다. 당시 대서양 상공 11킬로미터까지 솟아오른 화산재는 영국과 북유럽 상공을 뿌옇게 뒤덮었다. 유럽의 공항들은 항공기 운항을 6일 동안 전면 금지했다. 이로 인한 손실은 무려 17억 달러에 이르렀고, 유럽은 순식간에 대혼란에 빠졌다. 그런데 당시 재미있는 뉴스가 보도되었다. 유럽을 혼란에 빠뜨린 그 화산의 재를 용기에 담아 판 사람이 있었던 것이다. 그것도 온라인 쇼핑몰에서 인기 상품으로 팔렸다고 한다.

아이슬란드의 온라인 쇼핑몰 nammi.is의 대표는 화산이 폭발하자 화산재를 상품으로 만들어 팔았다. 작고 투명한 용기에 든 아이슬란드 화산재 160그램의 가격은 3900크로나, 우리 돈으로 약 4만 원이었다. 사람들의 반응은 매우 좋았다. 60개국에서 화산재가 판매되었고, 화산재의 인기에 힘입어 이 쇼핑몰도 많은 사람들에게 알려졌다고 한다.

이 쇼핑몰의 사장은 한 외국인 수집가로부터 화산재를 구해달라는 요청을 받았다고 한다. 화산재를 사겠다는 사람을 만난 뒤 그는 이것을 상품화하면 가치가 있겠다고 판단했다. 역사적으로 기억될 화산재를 판매한 금액의 일부는 피해를 입은 주민들에게 기부했다고 한다.

이 뉴스를 보면 세상의 모든 일은 그것을 어떻게 보느냐에 따라 달라진다는 것을 다시 한 번 느끼게 된다. 농작물에 피해를 주고 우리의 건강을 심각하게 해치는 화산재에 '역사적으로 기억될 것'이라는 의미를 부여했더니, 돈이 되는 상품으로 바뀐 것이다. 아이슬란드의 화산재와 비슷한 상품은 종종 있었다. 1989년 11월 9일에 베를린 장벽이 무너졌을 때에도 베를린 장벽의 돌을 상품으로 만들어서 판 사람들이 있었다. 우리나라의 휴전선 철책을 상품으로 만들어서 판매하는 것을 본 적도 있다.

역사적인 것에만 의미를 붙일 수 있는 것은 아니다. 어떤 사람은 뉴욕의 쓰레기를 수집하여 아크릴 상자에 담아 팔고 있다. 저스틴 지나크는 뉴욕의 쓰레기를 주워서 웹사이트(nycgarbage.com)를 통해 개당 50달러 정도의 가격으로 30개국 이상에 판매하고 있다. 오바마 대통령 취임식, 동성결혼식 등 특별한 이슈가 있는 행사장의 쓰레기들을 모아 아크릴 상자에 담아 한정판으로 개당 100달러에 판매하기도 했다. 놀랍게도 이런 쓰레기 상자가 출시되기가 무섭게 매진되었다고 한다.

인기 드라마에 나온 장소에 의미를 부여하여 관광상품으로 만드는 것도 자주 보게 된다. 자신이 제공하는 상품이나 서비스에도 특별한 의미를 부여해보자. 내가 의미를 부여할 때, 그것은 나에게 가치 있는 물건이 된다. 아주 특별한 아이디어는 부여하는 의미에 따라 만들어지는 것인지도 모른다.

당연한 것에
질문을 던져라

창의성은 질문에서 나온다. 우리의 생각은 질문과 답으로 구성된다. 주어진 문제에 대한 답을 찾는 사람이 있고, 질문을 통해 새로운 문제를 만드는 사람이 있다. 생각을 넓히고 남과 다른 시각으로 새로운 기회를 포착하는 것은 질문을 통해서 이루어진다. 그래서 질문을 던지고 그 답을 찾는 사람이 창의성을 발휘한다. 질문이 있어야 답도 존재하기 때문이다.

답을 찾는 것은 수동적인 생각을 하게 한다. 반면 질문을 하는 것은 능동적인 생각을 하게 한다. 그래서 답을 찾는 것에 익숙한 사람은 수동적인 사고 습관을 갖게 되고, 질문을 하는 것이 익숙한 사람은 능동적인 사고 습관을 갖게 된다.

뇌를 연구하는 사람들은 뇌의 전두엽과 후두엽으로 이것을 설명한다. 전두엽은 능동적으로 정보를 편집하고 결합하는 창의적인 활동을 하고, 후두엽은 정보를 수용하고 저장하며 무의식적으로 기억을 형성하는 수동적인 활동을 한다.

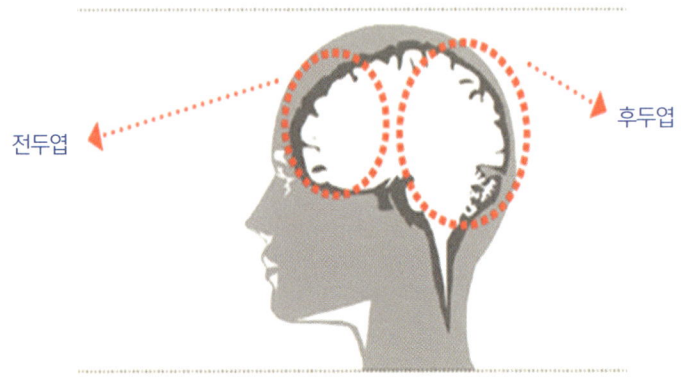

창의적인 아이디어를 찾는 활동은 전두엽에서 일어난다. 따라서 평소에 전두엽을 강화하고 훈련시켜야 창의적인 결과를 만들 수 있다. 기업 활동을 생각해도 비슷한 결론을 내릴 수 있다. '다른 회사는 어떻게 하지?' '최신 트렌드는 무엇이지?' 답을 찾듯 받아들이려고 하고 기억하려는 노력으로 조직의 활동이 집중된다면, 창의적인 생산성은 기대하기 어렵다. 전두엽을 쓰는 것처럼 질문을 던져보고 능동적으로 답을 찾아내려고 노력할 때 조직의 창의성도 발현된다.

질문을 해야 한다. 특히 누구나 당연하게 여기는 것에 질문을 던져야 한다. 그래야 상식을 깨는 아이디어를 발견할 수 있다. 사실 우리가 당연하게 생각하는 많은 것들이 당연하지 않을 수 있다.

예를 들어 식당에서 마시는 물을 생각해보자. 우리는 식당에서 물을 공짜로 마신다. 하지만 다른 나라에 가보면 식당에서도 물을 주문해야 한다. 우리도 지금은 생수를 사서 마시는 것이 당연한 일이 되었지만, 수십 년 전에는 물을 돈 주고 사먹는 것은 당연한 일이 아니었다. 이렇게 당연한 것에 질문을 던지는 것이 필요하다.

당연한 것에 질문을 던진 결과 세상에 없던 히트 상품을 만들게 된 경우도 있다. 맥주는 캔으로도 판매된다. 하지만 캔 맥주는 있어도 캔 와인은 없었다. 캔 와인이 있으면 어떨까? 이런 당연한 질문으로 탄생한 것이 호주의 바로크(Barokes) 와인이다. 여섯 가지 종류의 와인을 캔에 담아 판매하고 있다. 용량이 250밀리리터라 혼자서 가볍게 즐기기에 적당하다.

우리가 당연하게 생각하는 것은 상식이다. 상식은 지금 사람들의 평균적인 생각이고, 일정하게 형성된 생각의 틀이다. 이 틀을 깨뜨리고 조금 다르게 생각하는 것이 새로운 아이디어를 얻는 방법이다. 당연하게 생각하는 것에 "꼭 그렇게 해야 하나?", "정말 그럴까?" 하고 질문을 던져보라. 인상 깊게 본 일본 리크루트사의 CF 하나를 소개한다.

마라톤 경기가 열리고 있다. 많은 사람들이 열심히 뛰고 있다. 우리는 자주 "인생은 마라톤이다"라고 말한다. 그런데 한 사람이 갑자기 달리기를 멈추고 선다. 그는 스스로에게 묻는다. "그런데 정말 그럴까?" 그리고 다음과 같은 멘트가 이어진다.

인생은 마라톤이 아니다.
나만의 길이 있어, 자기만의 길?
그런 건 있는 걸까?
그건 몰라.
우리들이 아직 만나보지 못한 세상은 터무니없이 넓어.
그래 발을 내딛는 거야!
고민하고 고민해서 끝까지 달려가는 거야.
실패해도 좋아! 돌아가도 좋아! 누구랑 비교 안 해도 돼!
길은 하나가 아니야!
결승점은 하나가 아니야!
그건 인간의 수만큼 있는 거야.
모든 인생은 훌륭하다!

Recipe 72

디자인을
생각하자

"보기 좋은 떡이 먹기도 좋다." 이왕이면 보기 좋게 만드는 것이 중요하다. 그런 것이 디자인이다. 아이디어가 필요할 때에도 디자인을 생각해보자. 내가 제공하는 상품이나 서비스의 디자인을 생각해보자. 디자인이라고 하면 우리는 겉포장을 보기 좋게 꾸미는 것을 생각한다. 그런데 "왜 포장을 보기 좋게 꾸미는가?"라는 질문을 해보자. 당연히 소비자의 마음을 끌기 위해서다. 그렇게 생각해보면, 디자인이란 소비자의 마음을 끌어당기는 것이다. 디자인의 본질은 마케팅인 것이다. 보기만 좋게 하는 것을 넘어서 브랜딩을 하고, 더 나아가 핵심적인 기능을 갖추는 것까지 모두 디자인의 영역이라고 할 수 있다. 다음 두 권의 책을 보자.

이 두 권의 책은 사실 같은 책이다. 외국 저자의 책을 국내에서 번역하여 판매할 때, 처음에는 'You Excellent!'라는 제목으로 출판했다. 하지만 판매가 저조했다. 책이 잘 팔리지 않자 출판사에서 제목을 바꾸었다. 새로운 제목은 '칭찬은 고래도 춤추게 한다'였다. 이렇게 제목을 바꾸자 100만 부 이상 팔리는 베스트셀러가 되었다. 책의 내용은 그대로인데, 제목과 표지를 바꾸었더니 잘 팔리지 않던 책이 베스트셀러가 된 것이다.

책 표지나 제목처럼 눈에 보이는 것만이 디자인이 아니다. 브랜딩도 디자인의 일부분이다. 같은 재료를 가지고 같은 수준의 장인이 만드는 가방인데, 어떤 가방은 10만 원이고 어떤 가방은 100만 원이다. 그 차이는 브랜드가 만든다. 사람들이 갖고 싶은 브랜드라는 이유로 가방의 가격 차이가 10배 이상 난다. 이렇게 생각하면 단순하게 포장을 예쁘게 꾸미는 것이 아닌, 소비자의 마음을 사로잡는 것이 디자인이다. 아이디어를 만드는 핵심도 사실 소비자의 마음을 사로잡는 것에 그 목적이 있다. 따라서 아이디어를 생각할 때 우리는 디자인을 생각해야 한다. 보이는 것만이 아닌, 브랜딩이나 더 나아가 기능적인 것에 대해서도 생각하는 것이 디자인이다. 아이팟(iPod)을 보자.

스티브 잡스는 자신이 만든 회사 애플에서 쫓겨났다가 복귀했다. 20대에 자신이 창업한 회사에서 쫓겨나 40대에 복귀해서 애플의 성공 신화를 다시 썼을 때, 그의 첫 번째 성공작이 아이팟이었다. 아이팟은 디자인에서도 사람들의 마음을 사로잡았다. 예쁘게 보이는 외관만이 아닌 휠마우스라는 외관과 기능이 잘 어울리는 디자인을 선보였다. 그리고 아이튠스라는 플랫폼을 만들어 아이팟을 사용하는 사람들의 서비스까지 디자인했다. 사람들은 폭발적으로 반응했고, 이 제품은 죽어가는 애플을 살리는 효자가 되었다. 그 후로 아이폰과 아이패드 같은 제품들에서도 스티브 잡스는 기능이나 성능 못지않게 디자인을 중요하게 여겼다. 물론 상품 자체의 디자인만이 아닌 그것을 사용하는 서비스에 관해서도 디자인하여 앱스토어 같은 플랫폼을 제공했다.

한 가지 중요한 것은 휠마우스에서 볼 수 있듯이 디자인이 기능이나 성능과 연결되어 있다는 점이다. 예를 들어 애플의 아이폰이 나오기 전까지 휴대전화에는 많은 버튼이 있었다. 그것은 당연했다. 휴대전화를 켜거나 끄고 조작하는 버튼이 있는 것이 당연했다. 하지만 아이폰은 터치 스크린을 장착하여 버튼을 없앴다. 그 덕분에 매끈한 표면의 고급스러운 디자인이 가능해졌다. 디자인에 최신 기술까지 담아냈다.

오른쪽은 '아름다운 쓰레기봉투'라는 제목으로 SNS에 알려진 사진이다. 이 쓰레기봉투는 뉴질랜드의 아름다운 도시 캠페인의 일환으로 시행되었다고 한다. 광고 에이전트인 콜렌소 비비도(Colenso BBDO)에서 개발한 쓰레기봉투로, 봉투 겉면에 녹색의 풀 그림이 그려져 있다. 쓰레기봉투가 마치 낮은 정원수처럼 보인다. 이렇게 디자인된 쓰레기봉투가 도시를 아름답게 보이도록 하고 있다.

Recipe 73

혼자만의 시간을 가져보자

"이 영화를 본 느낌은?" 이런 질문을 받으면 요즘 청소년들은 스마트폰을 꺼내서 검색한다고 한다. 다른 사람들의 감상평을 검색하여 읽어보고 자신의 느낌을 찾는 것이다. 때로는 유익할 수도 있는 방법이지만, 이렇게 하다 보면 자신의 진짜 생각 또는 독창적인 생각은 하지 못하게 된다. 우리는 혼자 있어도 혼자가 아닌 경우가 대부분이다. 스마트폰으로 친구의 페이스북을 보고, TV를 보는 것은 몸만 혼자일 뿐 생각까지 혼자인 것은 아니다. 아이디어를 위해서 혼자만의 시간을 가져보자. 아무것도 없는 곳에서 혼자 아이디어를 만나는 시간이다. PC도 스마트폰도 TV도 책도 없는 곳에서 오롯이 나만의 시간을 가져보자.

아이디어가 필요할 때, 우리는 브레인스토밍을 한다. 여러 사람이 모여서 아이디어에 관한 이런저런 이야기를 하다 보면 생각지도 못했던 아이디어를 얻게 된다. 엉뚱하고 자유롭게 이야기하다 보면 새로운 아이디어가 튀어나오기도 한다.

그런데 브레인스토밍에도 단점이 있다. 수직적인 조직에서는 상사의 눈치를 보며 자신의 생각을 자유롭게 이야기하지 못하는 경우가 많기 때문이다. 자유롭게 이야기해보라지만, 남의 눈을 신경 쓰지 않을 수 없다. 더구나 직급이 낮을수록 상사의 눈치를 보게 된다. 때로는 태만한 경우도 있다. 다른 사람의 이야기를 듣고 평가하려고 할 뿐 자신의 생각을 적극적으로 내놓지 않는다. 이런 브레인스토밍의 단점을 극복하는 방법으로 제시된 것이, 브레인스토밍을 하기 전에 각자 자신의 의견을 정리할 시간을 가지는 것이다.

와튼 스쿨의 울리히 교수와 터비시 교수는 〈아이디어 발상과 최우수 아이디어의 질〉이라는 주제로 다음과 같은 실험을 했다. 첫 번째 집단은 일반적인 브레인스토밍을 30분 진행하고, 두 번째 집단은 10분간 각자 개인 시간을 가지고 아이디어를 생각한 후에 20분간 브레인스토밍을 진행했다. 그 결과 두 번째 집단이 우수한 아이디어를 냈고, 양적으로도 많았다고 한다. 이 연구는 브레인스토밍을 할 때, 개인적으로 아이디어를 생각하는 시간을 가진 후에 일반적인 브레인스토밍을 진행하는 것이 좋다는 결과를 얻어냈다. 그들은 이 방법을 기존의 브레인스토밍과 차별하여 '하이브리드 브레인스토밍'이라고 불렀다.

아이디어는 사색과 소통으로 얻어진다. 자유분방하게 이야기하는 브레인스토밍이 소통을 이끌어내는 생각의 도구라면, 하이브리드 브레인스토밍은 사색과 소통을 동시에 적용하는 방법이다. 소통만큼 강조하고 싶은 것이 사색이다. 사색을 위해서는 아무에게도 방해받지 않는 혼자만의 시간을 확보하는 것이 중요하다. 그래서 의도적으로 혼자만의 시간을 확보할 필요가 있다.

어떤 소설가는 새벽 3시에 일어난다고 한다. 그 시간에 일어나면 철저하게 혼자만의 시간을 적어도 5시간 이상 가질 수 있기 때문이다. 우리도 자신의 상황에 맞게 혼자만의 시간을 확보해보자. 세상과 연결되어야만 살아갈 수 있는 요즘 세상에서도 우리는 가끔 혼자가 되어야 한다.

천재들의 이야기를 들어보면 약간의 자폐성이 느껴지는 경우가 많다. 사회생활이 불가능할 정도는 아니어도 평범한 사람과 구별되는 자폐성은 그들을 고독하게도 만들고 자신의 일에 몰입하게도 만든다.

뉴턴은 아버지를 일찍 여의고 어머니가 재혼하면서 어린 시절에 혼자 지내는 시간이 많았다. 그 때문인지 약간의 유아 자폐성을 보였다. 그런 성향이 그를 자연과학 연구에 몰입하게 했다. 흑사병이 유럽에 확산되자 그는 대학을 떠나 고향에서 혼자 2년을 보냈는데, 그가 남긴 위대한 업적의 대부분이 이 시기에 이루어졌다. 그는 무한급수에 대한 연구를 하며 미적분을 정립하고 이것을 통해 만유인력의 법칙을 발견하게 된다.

아이디어를 위해서는 세상과 고립되지 않고 소통해야 한다. 다른 사람과 연결되어야 한다. 그런데 소통을 하기 위해서는 사색의 시간이 필요하다. 혼자만의 시간을 가지며 자신의 생각을 완전하게 만들 때, 비로소 세상과 더 단단하게 연결될 수 있다.

프레임을
바꿔보자

친구 사이인 A와 B는 같은 교회를 다닌다. A는 깊은 믿음을 갖고 있지만, B는 술을 좋아하고 담배도 피운다. 하루는 교회 가는 길에 A가 목사에게 물었다.

"목사님, 교회를 다니는 사람이 술 마시고 담배 피우면 안 되죠?"

"안 됩니다. 교회 다니는 사람은 경건한 생활을 해야죠. 술, 담배는 안 됩니다."

A는 고민이 생겼다. B가 술을 마시고 담배도 많이 피우기 때문이다. A는 B에게 문제의 심각성을 알렸다. 하지만 B는 그게 무슨 문제냐는 입장이었다. 누구의 생각이 옳은지를 확인하기 위해 B는 목사에게 물었다.

"목사님, 술 마시고 담배 피우는 사람은 교회 다니면 안 되나요?"

"아닙니다. 술 마시고 담배 피우는 사람이라도 교회는 꼭 다녀야 합니다."

프레임의 중요성을 알려주는 유머다. 세상을 바라보는 틀을 프레임이라고 한다. 동일한 현상도 그것을 어떤 프레임으로 바라보느냐에 따라 다르게 해석된다. 앞의 유머처럼 말이다. 새로운 아이디어를 얻고 싶다면 문제나 이슈를 바라보는 프레임을 바꿔야 한다. 다른 시각으로 다른 생각을 만드는 것이 바로 프레임을 바꾸는 것이다.

스웨덴의 한 회사에서 고급 비누를 만들었다. 그리고 비누의 성능을 강조하기 위해 '팩과 같은 비누'라고 광고했다. 하지만 소비자들은 외면했다. 사람들의 반응은 이랬다.

"비누가 어떻게 팩과 같을 수 있어?"

"비누치고는 너무 비싸잖아."

부정적인 반응을 접한 비누 회사는 광고를 이렇게 바꿨다. '비누 같은 팩.' 그러자 전세가 완전히 바뀌어 대히트를 했다.

"팩치고는 저렴하네."

"매일 아침 간편하게 세안할 수 있어 좋아."

이렇게 똑같은 비누지만 사람들의 반응이 180도 바뀌었다.

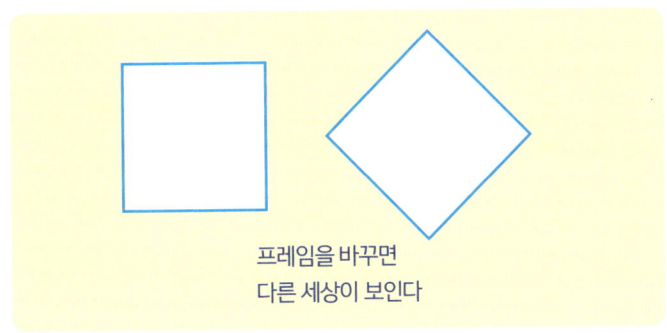

프레임을 바꾸면
다른 세상이 보인다

    레인골드 브루어리(Rheingold Brewery)는 최초로 칼로리가 적은 다이어트 맥주를 만들었다. 하지만 소비자들은 다이어트 맥주를 좋아하지 않았다. 맥주를 마실 때마다 칼로리를 계산하고 싶지 않았던 것이다. 그들에게는 새로운 프레임이 필요했다. 결국 맥주 회사는 '칼로리가 적어서 배가 부르지 않다'라는 새로운 프레임을 만들었고, 결과는 성공적이었다.

    "침대는 과학입니다."

    이 광고 카피 역시 새로운 프레임을 제시하여 인기를 끌었다. 침대는 일반 가구처럼 '아름답다' 또는 '실용적이다'라는 이유로 선택받았다. 하지만 침대를 과학이라고 하며 건강이 침대를 선택하는 가장 중요한 요소임을 강조했다. 이렇게 새로운 프레임을 제시하며 1000만 원이 넘는 고가의 침대가 탄생하게 되었다.

    많은 현상이 그것을 어떤 프레임으로 바라보느냐에 따라 다르게 받아들여진다. 어느 여대생이 술집에 나가는 것을 생각해보자. 여대생이 술집에 나가는 것은 지탄받을 행동이다. 사람들은 그 여대생에게 손가락질을 할 것이다. 하지만 술집에서 일하는 여성이 낮에는 대학교에 다니며 공부를 한다고 생각해보자. 술집 여종업원이 대학교를 다닌다고 하면 칭찬하는 사람이 많을 것이다. 사람들은 그녀를 격려하고 용기를 북돋아줄 것이다. 이렇게 같은 여성을 어떻게 바라보느냐에 따라 정반대의 평가가 나오는 것도 바로 그녀를 바라보는 프레임이 다르기 때문이다.

2010년 6월에 문을 연 노르웨이의 할덴 교도소다. 정부가 1억 6500만 유로를 들여 지은 이 교도소에는 유명 화가들의 작품들이 걸려 있고, 다양한 오락시설과 편의시설을 갖추고 있다. 교도소라기보다는 고급 호텔에 가깝다. 죄수들은 방과 거실, 욕실, 부엌으로 구성된 작은 아파트 같은 공간을 제공받는다. 도서관, 체육관, 녹음 스튜디오도 있고,

숲길을 산책하고 암벽 등반 연습을 할 수도 있다. 교도관도 전원 비무장으로 근무하며, 분위기를 부드럽게 하기 위해 교도관의 절반은 여성이다.

이렇게 좋은 시설의 교도소를 만든 사람들은 죄수와 교도소를 다른 프레임으로 보았다. 교도소를 죄 지은 사람을 벌주는 곳이라고 보지 않고, 죄 지은 사람이 다시는 죄를 짓지 않게 하는 곳이라고 생각한 것이다. 그래서 그들은 재범률을 낮추기 위해 죄수들에게 좋은 환경과 시설을 제공했다. 비인격적인 대우와 처벌보다는 인간적이고 인격적인 따뜻한 경험이 선한 마음을 불러일으키고 결국 그들을 교화하는 데 도움이 된다는 생각에서다. 실제 노르웨이에서는 할덴 교도소의 재수감률이 월등히 낮다고 한다.

아이디어가 필요할 때는 프레임을 바꾸어보자. 하나의 사물을 다양한 각도에서 볼 수 있는 것처럼, 어떤 대상을 바라보는 프레임은 다양하게 존재한다. 내가 제공하는 상품이나 서비스를, 또는 우리의 고객을 다른 방향에서 바라보고 다른 시각으로 바라보자. 기존의 프레임이 무엇인지 정리해보고, 새로운 프레임을 만들어보자. 프레임을 새롭게 하면 아이디어는 자연스럽게 따라온다.

아이디어 마라톤을 해보자

구체적인 아이디어가 필요할 때는 때때로 긴 시간을 확보하여 아이디어 마라톤을 해보자. 예를 들어 금요일 저녁에 몇 명이 모여서 밤새도록 특정 이슈나 문제를 놓고 의견을 나누며 아이디어를 찾아보는 것이다. 새벽까지 아이디어를 찾아도 좋고, 때로는 24시간을 해보는 것도 좋다. 이것은 야간 산행과 비슷하다. 야간 산행은 보통 밤 10시에 출발하여 다음 날 새벽 5시에 끝난다. 야간 산행을 즐기는 사람들은 금요일 퇴근 후에 필요한 장비를 갖추고 산으로 가는 버스를 탄다. 그리고 몇 명이 밤새도록 산행을 하고 새벽에 특별한 성취감을 맛보며 집으로 돌아온다. 이와 같은 방법으로 아이디어 마라톤을 하는 것이다.

해커톤(hackathon)은 해커와 마라톤을 합성한 단어다. 해킹은 남의 정보를 불법으로 캐낼 때에는 나쁜 뜻으로 쓰이지만, 컴퓨터 프로그래머들 사이에서는 어려운 문제를 파헤치고 해결한다는 의미가 있다. 따라서 해커톤은 어려운 문제를 끈질기게 물고 늘어지며 파헤친다는 뜻이 있다. 해커톤을 활용하여 많은 성과를 올린 회사가 페이스북이다.

2007년 페이스북의 한 개발자가 사내 공지를 한다. "오늘 밤샘하면서 내 문제를 같이 풀어줄 사람을 찾습니다. 제가 피자를 쏘겠습니다." 그날 저녁 20여 명이 모여서 밤샘하며 아이디어를 만들었고, 뜻밖에 좋은 결과가 나왔다. 페이스북의 최고경영자인 마크 저커버그는 그 이야기를 듣고 그들을 격려했으며 그 후로 해커톤은 페이스북의 사내 행사가 되었다. 페이스북은 해커톤을 통해 좋아요 버튼, 메신저, 비디오 영상, 댓글, 태그 등 많은 아이디어를 창출했다. 이 이야기가 알려지면서 실리콘밸리에 해커톤이 유행하게 되었다고 한다.

해커톤과 같이 긴 시간을 확보하여 아이디어 마라톤을 하는 것은 어떤 이슈에 집중하여 구체적인 아이디어를 창출하는 방법이다. 이것은 컴퓨터 프로그래머에게만 필요한 것이 아니다. 아이디어가 필요한 사람들은 마라톤을 하듯 일정한 시간을 확보하여 그것에 빠져들고 몰입할 필요가 있다. 야간 산행을 할 때는 혼자서 가는 것보다는 여러 명이 함께 움직이면 좋다. 안전을 위해서 팀원 중에 야간 산행 경험이 많은 사람이 있으면 좋고, 의사나 간호사가 있어도 좋다. 아이디어 마라톤도 마찬가지다. 관련된 문제에 다양하게 접근할 수 있는 사람들로 구성하면 좋다. 해커톤처럼 몇 명씩 팀을 나누어 경쟁을 하듯 아이디어를 찾고, 서로 협력하며 함께 고민하는 것도 좋은 방법이다.

4장

아이디어 요리하기

— 스페셜 레시피

아이디어는 값진 것이다. 아이디어는 진실로 세계를 움직일 수 있는 유일한 지렛대다.
—아더 코레이(Arthur Corey)

Recipe 76

청개구리 심리를
활용해보자

아이디어가 필요할 때에 심리학을 생각하는 것도 좋은 방법이 된다. 사람들이 일반적으로 갖는 심리적인 특성을 생각해보는 것이다. 사람의 심리 중에 '청개구리 심리'가 있다. 하지 말라고 하면 더 하고 싶어하는 사람의 심리다. 예전에 《영어 공부 절대로 하지 마라》라는 책이 베스트셀러가 된 적이 있었다. 국제화 시대에 영어의 필요성을 절실하게 느끼던 사람들에게 이 책의 제목은 호기심을 불러일으켰다. 영어 때문에 고민하던 사람들은 "도대체 왜 영어 공부를 하지 말라는 거야?" 하는 궁금증에 그 책을 집어들었다.

'나는 소망한다. 내게 금지된 것을.' 이런 것이 사람들의 일반적인 심리다. 이것을 '심리적 유도 저항'이라고 한다. 비즈니스에서 이런 심리를 활용한 것이 한정판(limited version)이다. 홈쇼핑에서 흔히 쓰는 '오늘 딱 하루 판매'를 강조하는 방식이다. 갖기 힘들다고 생각하면 더욱 갖고 싶어지는 사람의 마음을 노리는 전략이다.

몽블랑 만년필을 살펴보자. 몽블랑은 프랑스와 이탈리아의 국경을 따라 뻗어 있는 알프스 산맥의 가장 높은 산이다. 서유럽의 최고봉으로 높이는 4810미터다. 몽블랑 만년필은 만년필에서 최고봉이 되겠다는 의미에서 대부분의 모델을 4810개씩 한정 생산한다. 자신들의 확고한 의지를 보여주기 위해 4810개의 제품이 만들어지면 금형까지 폐기한다. 세상에 4810개밖에 없는 희소가치를 만년필에 부여하고 있다. 이런 한정 판매는 몽블랑 같은 명품에서만 할 수 있는 전략이 아니다. 두부나 찐빵을 파는 평범한 가게에서도 한정된 수량만을 판매하여 가치를 높이는 전략을 세울 수 있다.

일본의 양갱 가게인 오자사(ぉざさ)는 매일 150개의 양갱을 한정 판매한다. 1951년에 창업한 이 가게에서 양갱을 사기 위해 사람들은 새벽 4~5시부터 줄을 서서 기다린다. 어떤 관광객은 아예 그 가게 근처에서 숙박을 한다고 한다. 대부분의 사람들은 이렇게 장사가 잘되면 더 많은 양갱을 만들어 파는 것이 비즈니스라고 생각한다. 하지만 오자사 사장은 양질의 양갱을 제공하기 위해 하루에 150개로 한정하고 있다. 사카모토 고지 호세이 대학 교수는 일본의 6500개 중소기업을 탐방하고 쓴《작

지만 세계에 자랑하고 싶은 회사》라는 책에서 오자사를 1등 회사로 소개하고 있다. 그는 오자사를 '진짜 중의 진짜'라고 평가한다.

　사람의 심리를 잘 파악하고 활용하는 것은 남성보다 여성이 훨씬 더 잘한다. 연애를 하면서 밀고 당기는 '밀당'도 둔한 남자보다는 민감한 여자가 훨씬 더 많이 사용한다. 여성처럼 사람의 심리를 잘 활용하는 것도 아이디어를 만드는 데 도움이 된다. 제품의 장점을 나열하는 것만으로는 소비자의 지갑을 열 수 없다. '좋아도 싫은 척' 또는 '관심이 있어도 없는 척' 하는 여성의 행동처럼, 사람들의 심리를 생각해보자.

　어떤 이슈나 문제도 결국 사람과 관련되어 있다. 그래서 사람의 심리를 생각하는 것이 그런 이슈나 문제에 필요한 아이디어를 만드는 데 도움이 된다. 특히 하지 말라고 하면 더 하고 싶어지는 청개구리 심리를 나의 상품이나 서비스에 적용해보자. 한정판과 같이 더 이상 살 수 없다는 전략을 써보자. 더 많은 사람들이 몰릴 수 있게 말이다.

일단 무조건
반대로 해보자

역발상은 아이디어를 만드는 방법의 하나다. 역발상이란 거꾸로 생각하는 것이다. 기존의 방법과 반대로 해보자. 이렇게 반대로 만든 것을 변형시켜 자신의 일에 적용할 수 있다면 획기적인 아이디어가 만들어진다. '일단 무조건 반대로' 해보자. 가장 쉬운 예가 눈에 보이는 대상을 거꾸로 세우는 것이다. 하인즈 케첩을 보자.

바닥에 조금 남아 있는 케첩을 알뜰하게 짜내기 위해 케첩을 거꾸로 세워서 냉장고에 보관한다. 하인즈는 여기에 착안하여 아예 병 뚜껑이 바닥에 오는 '거꾸로 병'을 만들었다. 케첩이 물구나무서기를 한 것처럼 병을 디자인했다. 케첩을 거꾸로 세워 보관하는 경험이 있던 사람들에게 이 케첩 병은 단번에 시선을 끈다. 대상을 거꾸로 뒤집은 또 하나의 사례는 다음과 같은 시계에서 찾을 수 있다.

재미있는 제품을 많이 파는 일본의 어떤 가게에는 거꾸로 가는 시계를 팔고 있었다. 이 시계는 단순히 재미와 흥미만으로 만들어진 것이 아니다. 이 시계가 주로 팔리는 곳은 미용실이다. 거울을 통해 뒤편에 있는 시계를 볼 수밖에 없는 손님을 위한 시계다. 시계의 시침과 분침도 미용실 분위기에 어울리는 가위 모양이다.

물이 위에서 아래로 흐르는 것은 자연스러운 이치다. 하지만 그렇게 자연스럽고 익숙한 것은 사람들의 시선을 사로잡지 못한다. 사람들의 시선을 사로잡는 것은 아래에서 위로 물이 올라가는 것이다. 경사진 곳으로 공이 굴러 내려가는 것이 아니라, 거꾸로 낮은 곳에서 높은 곳으로 공이 굴러가면 사람들은 호기심을 가지고 집중한다. 아이디어를 내고 싶다면 일단 거꾸로 해보고 반대로도 해보자. 눈에 보이는 것만을 뒤집을 수 있는 것은 아니다. 더 강력한 것은 상식을 뒤집는 것이다.

영화 〈벤자민 버튼의 시간은 거꾸로 흐른다〉를 보자. 80세의 외모를 가진 아이가 태어난다. 그 아이는 자라면서 점점 더 젊어진다. 열두 살에 60세의 외모가 되고, 나이를 먹을수록 거꾸로 젊어진다. 이것은 물이 위에서 아래로 흐르는 것과 같이 시간이 흐르면 사람은 늙어간다는 것을 '일단 무조건 거꾸로' 생각한 것이다. 이렇게 반대로 상황을 만들어놓고 그것에 어떤 가치를 부여하는 것이 창의적인 아이디어를 만드는 방법의 하나다.

아이디어는 새롭고 기존의 것과 달라야 한다. 그렇게 새롭고 다른 것을 만드는 가장 쉬운 방법이 기존의 것을 무조건 반대로 하고 거꾸로 뒤집는 것이다. 물론 거꾸로 뒤집었다고 모두 아이디어가 되는 것은 아니다. 그렇게 뒤집고 반대로 생각하는 과정을 통해 지금의 상황에 적합한 아이디어를 찾게 된다.

무료로 하면
어떤 일이 생길지 생각해보자

사람은 공짜를 좋아한다. 돈을 내고 사용해야 하는데 공짜로 사용하게 되면 그만큼 돈을 벌었다는 생각에 기분이 좋아진다. 돈을 싫어하는 사람이 없듯이 공짜를 싫어하는 사람은 없다. 그렇다면 사람들에게 상품이나 서비스를 공짜로 주거나 쓰게 하는 방법을 생각해보자.

지금은 거대한 기업이 된 카카오톡은 '문자를 공짜로 보낼 수 있다'에서 시작했다. 휴대전화로 문자를 보내면 요금이 나오지만 카카오톡으로 보내면 공짜라는 사실에 사람들은 카카오톡으로 몰렸다.

과거에는 상상하지 못했던 공짜 비즈니스가 무척 많다. 요즘은 미국 유명 대학교의 강의를 공짜로 들을 수 있다. 무료 강의를 제공하는 것이 대학교들의 공익적인 사업만은 아니다. 미국의 명문 공과대학교 MIT는 온라인으로 무료 강의를 제공한 후 학교 인지도와 지원자 수가 크게 올랐다고 한다. 미국의 맥도날드에서는 커피를 무료로 제공하자 햄버거 매출이 증가했다고 한다. 공짜는 사용자에게만 이익이 아니다. 공짜로 제공하는 것을 잘 활용하면 비즈니스에 많은 도움이 된다. 내가 제공하는 상품이나 서비스에서도 무료로 제공하여 더 많은 이익을 낼 수 있는 아이디어를 찾아보자.

비즈니스 사례를 찾아보면 꼭 공짜는 아니어도 비싼 제품을 값싸게 제공하고 부수적인 것으로 이익을 얻는 경우가 많다. 질레트 면도기와 HP 프린터가 대표적이다. 질레트는 품질이 좋은 면도기를 저가에 공급한다. 이렇게 품질이 좋은 것을 제값을 받지 않고 팔면 손해일 것 같지만, 사실은 그렇지 않다. 질레트는 면도기에 끼워 쓰는 면도날을 많이 팔아서 더 큰 이익을 창출하고 있다. 또한 HP는 프린터의 가격을 낮춤으로써 더 많은 프린터를 공급하고, 그 부속품인 토너를 팔아서 이익을 창출하고 있다.

공짜 휴대전화도 비슷한 경우다. 통신사들은 휴대전화를 제조 가격보다 싸게 공급하는 대신 사용자들에게 매달 통신 요금을 받는다. 결과적으로 전혀 손해가 아니다. 세계 최대 온라인 서점인 아마존이 전자북(eBook)을 볼 수 있는 단말기 킨들(Kindle)을 싸게 공급하는 것도, 아마존에서 더 많은 전자책을 팔기 위해서다.

애플의 아이팟이나 아이폰은 앞의 사례와 반대로 제품을 비싸게 파는 대신 그 제품을 활용하는 콘텐츠를 공짜로 제공하고 있다. 애플은 아이팟과 아이폰을 내놓을 때, 아이튠스를 통하여 노래, 앱 등의 콘텐츠를 제공하는 생태계를 만들었다. 물론 지금은 구글의 안드로이드 환경이 제공되는 스마트폰도 같은 개념의 생태계를 형성하고 있다. 우리의 생활을 바꿔놓은 스마트폰의 성공 비결은 다양한 콘텐츠를 공짜로 사용할 수 있게 한 점이다. 알게 모르게 우리는 공짜를 향해 움직이는 경향이 있다.

그런데 생각해보면 세상에 공짜는 없다. 누군가 공짜로 사용하는 것이 있다면 그것은 누군가 돈을 지불하기 때문이다. 우리는 잘 모르는 것이 있을 때, 구글이나 네이버에서 검색을 한다. 검색을 하면 유용한 정보들을 얻을 수 있다. 그런데 검색은 공짜다. 구글이나 네이버는 공짜로 검색 서비스를 제공하는 대신 광고 수익을 얻는다. 무료로 보는 잡지들이 있다. 그런 잡지들이 무료인 이유도 그 잡지에 들어 있는 광고 때문이다. 무엇인가를 무료로 제공한다면 누군가는 돈을 지불해야 한다. 돈을 지불할 사람을 잘 찾는 것이 무엇인가를 무료로 제공할 수 있는 조건이다.

2000년경에 인터넷이 황금알을 낳을 것이라는 장밋빛 환상에 빠져 있을 때 몇몇 인터넷 사이트는 회원 가입을 하면 돈을 주었다. 돈을 지불하고 사용해야 하는 서비스를 회원 가입만 하면 공짜로 쓰게 해주었다. 회원을 많이 확보하는 것이 바로 돈을 버는 것이라고 생각했기 때문이다. 그들은 사람을 많이 모아놓으면 어떻게 해서든 돈을 벌 수 있다고 여겼다. 하지만 그렇게 막연한 생각만 가졌을 뿐 확실한 수익 모델을 갖지 못했던 회사들은 거의 망했다. 지금도 어떤 인터넷 사이트에서는 무료로 사진 같은 이미지를 얻을 수 있다. 그런 무료 서비스가 가능한 것은 무료 고객 95퍼센트 외에 차별화된 서비스를 원하는 유료 고객 5퍼센트를 확보하고 있기 때문이다. 또는 광고 수익이 있기 때문이다.

사람들에게 공짜로 제공할 수 있는 것이 무엇인지를 생각해야 한다. 그것이 사람을 끌어당길 수 있기 때문이다. 무조건 공짜로 하는 것이 아니라, "그렇게 하면 어떤 일이 생길까?"를 다양하게 생각해보자. 그렇게 아이디어를 만들어보자.

Recipe 79

세 가지
역할 연기를 해보자

어떤 일을 할 때 그 일에 어울리는 특정한 사람을 떠올려보자. 그리고 그 사람의 역할을 해보자. 예를 들어 프레젠테이션 상황을 생각해보자. 당신은 새로운 사업 계획을 사장 앞에서 발표해야 한다. 분명 떨리고 어려울 것이다. 이럴 때에는 TV에서 뉴스를 전달하는 아나운서의 역할 연기를 해보면 도움이 된다. 자신이 아나운서라고 생각하고 또박또박 말하고 필요한 대목에서는 몸짓이나 제스처도 곁들여본다. 이처럼 역할 연기를 하는 것은 생각보다 강력한 힘을 발휘한다.

아이디어를 만들 때에도 역할 연기를 하는 것이 효과적이다. 먼저 어떤 이슈를 찾을 때에는 탐험가처럼 이것저것 관심을 갖고 관찰해본다.

사람들이 잘 알지 못하는 것에 대해서도 미지의 세계를 탐험하는 사람처럼 관심을 가져보자. 때로는 탐정처럼 관찰하고 분석하는 것도 문제를 발견하고 이슈를 찾는 데 효과적이다.

문제가 명확하게 설정되어 있고, 문제 해결의 아이디어를 찾을 때에는 다이아몬드 사고가 필요하다. 다이아몬드 사고는 생각을 확산시켜 다양한 기회를 만들고, 그렇게 만들어진 다양한 기회들 중에 실행에 옮길 해결 방안을 선택하는 것이다. 다이아몬드 사고를 할 때에도 역할 연기가 효과적이다. 이때에는 공상가, 현실주의자, 비평가, 세 가지 역할을 연기해본다.

첫 번째는 공상가가 되어보자. 상식이나 현실을 무시하고 가능한 한 이것저것 생각해본다. 공상가가 될 때에는 자신의 생각을 비판하지 않는 것이 중요하다. 현실적 가능성에 구애받지 말아야 한다. 공상가가 되어 생각한 것을 그대로 옮길 것이 아니기 때문에, 공상가의 역할 연기를 할 때는 공상가에 맞게 연기해야 한다.

두 번째, 현실주의자가 되어본다. 공상가가 펼쳐놓았던 생각들을 최대한 현실적인 것으로 만드는 것이다. 허무맹랑한 생각도 약간의 조건을 바꾸면 실현 가능한 아이디어가 될 수 있다. 또는 허무맹랑한 생각들을 서로 연결하여 조금 수정하면 탁월한 아이디어가 되기도 한다. 공상가가 되어 생각했던 것을 변형하고 수정하고 현실적으로 만들어보는 것이 아이디어 발상의 일반적인 방법이다.

　세 번째 비평가가 되어 앞의 아이디어들을 평가해보자. 어떤 문제를 해결하기 위해서 우리는 여러 가지 아이디어들을 짜낸다. 그중에 하나를 선택하여 문제 해결의 아이디어로 실행에 옮길 수 있다. 그래서 여러 가지 아이디어 중에 가장 현명한 해결책을 선택하는 것이 중요하다. 일반적으로 우리는 그중에서 가장 효과적이고 가장 실용적인 것을 선택한다. 하지만 때때로 가장 효과적이고 가장 실용적인 것은 누구나 쉽게 생각하는 평범한 아이디어일 수도 있다. 첫인상으로 가장 효과적이고 실용적인 것을 선택하기보다는 약간 부족한 것처럼 보이지만 실제로는 강력한 효과가 있는 것을 찾는 것이 필요하다. 그래야 남들과 다른 차별화된 아이디어를 선택할 수 있다.

　역할 연기를 하는 것은 생각보다 강력한 힘이 있다. 때로는 예술가가 되어보고, 때로는 과학자가 되어보자. 연극을 하듯 역할 연기를 하다 보면, 실제로 예술가처럼 유연한 생각과 과학자처럼 냉철한 생각을 할 수 있게 된다. 그렇게 새롭고 탁월한 아이디어는 탄생한다.

사소한 것을
생각해보자

아이디어를 만들 때에는 크게 전체를 바꾸는 것보다는 사소한 것을 바꾸거나 또는 더하고 빼는 것을 생각해보자. 그렇게 하는 것만으로도 엄청난 결과를 만드는 경우가 있다. 그래서 100＋1＝101이 아니라, 100＋1＝200이라고 한다. 사소한 것 하나를 더하면 딱 하나만큼의 효과가 있는 것이 아니라, 2배 이상의 효과가 생긴다. 또 100－1＝99가 아니라, 100－1＝0이라고 한다. 불량품 하나 때문에 전체를 판매할 수 없게 된 것이 대표적인 사례다. 사소한 것의 힘이다. 아이디어를 만들 때에도 대단하고 획기적인 것보다는 사소한 것 하나를 생각하는 것이 강력한 힘을 발휘한다.

'팔꿈치로 쿡 찌르다'는 뜻의 넛지 효과(nudge effect)가 있다. 규제나 감시가 아닌 자연스러운 참여를 유도하여 변화를 이끌어내는 것을 말한다. 행동경제학자인 리처드 탈러 시카고 대학 교수와 캐스 선스타인 하버드 대학 교수가 쓴《넛지》라는 책이 베스트셀러가 되기도 했다. 남자 소변기에 작은 파리 한 마리를 그려 넣어 소변이 튀는 것을 무려 80퍼센트나 줄인 것이 대표적인 사례다. 또 계단을 걸어 올라갈 때 소모되는 칼로리를 표시하여 건강이나 다이어트를 생각하는 사람들에게 계단을 이용하도록 유도하는 것이 사소한 것의 힘을 활용한 아이디어다.

　대단한 아이디어를 만들겠다는 생각보다는 이렇게 사소한 것을 바꾸거나 더하고 빼는 것을 생각해보자. 부산의 광안대교에는 직선 구간이 계속되다가 갑자기 곡선으로 휘어지는 급커브 구간이 있다. 갑자기 나타나는 급커브 구간에서는 사고가 많이 일어난다. 실제로 2011년에 이 구간에서 18건의 사고가 일어났다. 부산시설공단에서는 이 문제를 해결하기 위해 한 가지 묘안을 짜냈다. 차로 가운데에 빨간 도료로 굵은 선을

그어 운전자들이 그 선을 따라 운전하도록 유도했다. 결과는 대성공이었다. 2013년 해당 구간의 교통사고는 30퍼센트 정도 줄어들었다. 교통량이 계속 증가했는데도 말이다. 이처럼 작은 아이디어가 대단한 성과를 가져다줄 수 있다.

사소한 것 하나를 바꿔보자. 거창하고 획기적인 방법이 아닌, 아주 작고 사소한 것 하나를 바꿔보자. 사소한 것 하나가 때때로 거창하고 획기적인 아이디어를 만든다.

같은 아이디어를
다른 영역에 적용해보자

세상에 특별한 아이디어는 없다. 아무도 생각하지 못한 것을 내가 생각하겠다고 마음먹는 것부터가 잘못된 일일 수 있다. 아무도 생각하지 못하는 아이디어가 아니라, 누구나 생각할 수 있는 아이디어를 자신의 일에 적용하는 것이 우리에게 필요한 창의적인 아이디어다.

크루즈 유람선은 배가 단순한 이동수단이 아닌 여행의 경험을 주는 도구라는 생각을 하게 만든다. 이를 기차나 비행기에도 적용할 수 있다. 기차여행 상품이 그렇다. 비행기에도 비슷한 아이디어를 적용할 수 있다. 영국의 에어랜더(AirLander)는 초대형 풍선을 비행기 형태로 제작하여 낮은 고도에서 느린 속도로 비행하며 창밖의 경관을 감상할 수 있는 여행 상품을 만들었다.

같은 기술이 다른 영역에 적용된 사례를 살펴보자. 먼저 독일의 함부르크에서 노상방뇨를 해결했던 사례를 소개한다. 함부르크의 상파울리 거리는 유흥업소가 밀집해 있다. 이 지역은 술 취한 사람들의 노상방뇨가 늘 골칫거리였다. 함부르크 시에서 단속과 벌금을 강화했지만, 노상방뇨는 줄어들지 않았다. 이 문제를 해결한 것은 '특수 코팅 페인트'이다. 울트라에버드라이(Ultra Ever Dry)라는 특수 코팅 페인트를 벽에 바르면, 소변이 노상방뇨를 하는 사람에게 튀게 된다. 함부르크 시는 노상방뇨가 특히 많은 거리의 벽에 이 특수 코팅 페인트를 칠하여 큰 효과를 보았다고 한다.

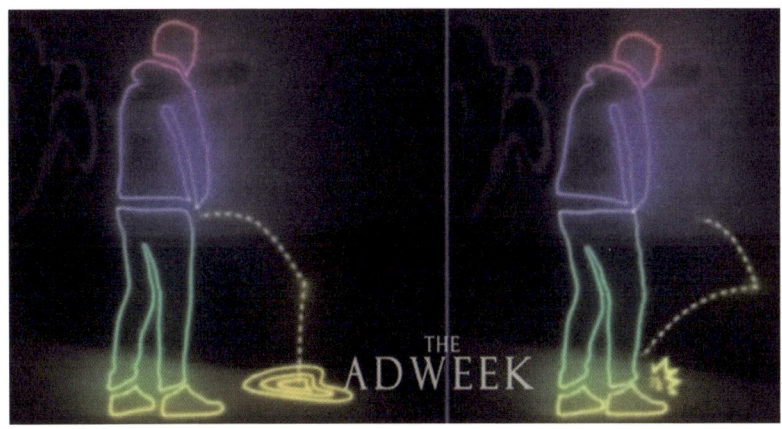

특수 코팅을 적용한 또 다른 사례가 있다. 화장품이나 케첩은 끝까지 사용하지 못하고 용기에 남은 채로 버려지게 된다. 화장품의 25퍼센트, 마요네즈나 케첩 같은 소스의 15퍼센트가 용기에 남은 채로 버려진다고 한다. 이에 주목한 미국 MIT 대학의 연구진이 설립한 신생 기업인

리퀴글라이드(LiquiGlide)는 마요네즈나 케첩의 용기 안쪽에 나노 코팅을 하여 내용물이 용기에 달라붙지 않고 흘러내리는 기술을 개발했다. 이 특수 코팅은 식료품이나 화장품 용기 외에도 광범위하게 적용될 수 있을 것으로 기대하고 있다. 점성이 있는 석유나 각종 화학물질을 운반하는 파이프라인에도 이 코팅 기술을 적용할 경우 파이프가 막히는 일 없이 운반 효율을 크게 높일 것이다. 가정집 하수구의 파이프라인 안쪽에 이 특수 코팅을 하면 하수구가 막히는 일이 없어질지도 모르겠다.

이렇게 특수 코팅이라는 아이디어가 서로 다른 영역에서 서로 다른 목적으로 사용될 수 있다. 같은 아이디어가 다른 영역에서 다른 목적으로 사용되는 것도 아이디어를 만들어내는 방법이다. 다른 영역에서 사용되는 아이디어를 가져다 내가 원하는 목적으로 사용했다면, 그것은 모방이 아니다. 이것을 모방이라고 부른다면 이런 모방은 환영해도 좋지 않을까?

은유와 비유를
활용하여 생각해보자

은유나 비유는 어떤 대상을 다양하게 표현하는 데 유용하다. 그만큼 우리의 생각을 풍부하게 해준다. 시인이나 소설가는 설명이나 평범한 서술이 아닌 은유와 비유를 자주 활용한다. 이 때문에 사람들은 그들의 이야기에 쉽게 빨려 들어간다. 성경을 보면 예수는 비유를 들어 설명하고 가르침을 준다. 은유를 이용하여 특정한 개념을 설명한다. 우리의 아이디어도 은유와 비유를 통해 만들어보자.

예를 들어 최근 사회적인 변화를 설명해보자. 산업 사회에서 지식과 창조의 사회로 세상은 변화해왔다. 빠른 변화와 불확실한 대외변수에 유연하게 대응하려면 수직적인 조직 문화보다는 수평적인 의사소통이

가능한 조직 문화가 필요하다. 이런 변화를 설명하는 데 자주 이용되는 것이 다음 두 장의 사진이다.

　과거 산업 사회에서는 변화가 크지 않았기 때문에 강력한 지도자에게 의지했다. 그런 사회에서는 조직원들이 군대처럼 움직이는 조직 문화가 중요했다. 조정경기가 그런 예다. 기수의 말에 따라 일사불란하게 정해진 역할을 수행한다. 하지만 최근의 사회는 불확실성이 크고 변화가 많기 때문에 수평적인 의사소통이 중요해졌다. 이런 조직 문화를 리프팅에 비유할 수 있다. 각자가 자발적인 판단력을 바탕으로 유연하게 생각하는 것이 중요하다. 이렇게 은유는 사진 한 장으로도 충분히 설명이 가능하다.

　'남자는 배, 여자는 항구'는 비유의 대표적인 표현이다. 남자와 여자의 관계를 배와 항구로 비유할 때, 그 비유와 연관된 남자와 여자에 대한 생각들이 늘어난다. 이런 유머를 본 적이 있다.
　어느 날 아내가 남편의 눈을 보며 말했다.

"당신은 내게 로또 같은 사람이에요."

"정말?"

"음, 하나도 안 맞아."

유머지만 은유와 비유를 활용하여 생각을 확장하는 방법을 이해하게 한다.

지금 아이디어가 필요한 일에 은유와 비유를 만들어보자. 다양한 은유와 비유를 통해 더 풍부하게 이해할 때, 더 좋은 아이디어가 나올 수 있다.

오히려 투박하게
만들어보자

차별화는 좋은 아이디어의 조건이다. 남들과 다른 차별화가 좋은 아이디어의 가장 강력한 조건이다. 단지 경쟁 제품보다 성능이 우수하고 품질이 좋다는 것으로는 충분하지 않다. 무엇인가 분명하게 다른 것이 필요하다. 차별화만 된다면, 오히려 품질이 떨어져도 좋다. 기본 이상의 품질을 갖췄다면 무조건 남들과 다른 차별성을 만들어야 한다. 차별성은 특히 자본이 없거나 기술력이 부족한 상황에서 더욱더 중요한 요소다. 그런 차별성을 만드는 것이 바로 아이디어다.

아이디어는 거대한 자본이나 최첨단의 기술도 이길 수 있다. 최고의 기술을 가졌어도, 막대한 자금력이 있어도, 아이디어를 먼저 고려하는 것이 필요하다. 예를 들어 장윤정이나 박현빈 같은 젊은 트로트 가수를 생각해보자. 트로트는 나이 든 사람들 또는 세련되지 못한 사람들이 부르는 노래라는 인식이 있다. 젊고 매력적인 사람이라면 발라드나 댄스곡이 어울린다고 생각한다. 하지만 젊고 매력적인 가수들이 트로트를 부르며 자신만의 영역을 개척하는 것을 종종 본다. 그들은 화려한 음악이 아닌 오히려 투박한 트로트를 부르며 최고의 인기를 누리고 있다. 투박함으로 차별성을 만들어 인기를 끌었던 1990년대 파스퇴르 광고를 한번 보자.

파스퇴르 우유는 빨간색과 파란색, 그리고 직설적인 카피를 내세운 촌스러운 광고로 신문을 도배했다. 당시 파스퇴르 유업의 최명재 회장이 아이디어를 내고 카피도 직접 썼다고 알려지며 유명세를 탔다. 유치하고 투박한 이 광고는 많은 사람들에게 각인되어 큰 광고 효과를 누렸다. 기술적으로 완성도가 높고 세련된 것만이 언제나 최고는 아니다.

때로는 투박하고 기교를 부리지 않는 것이 더 효과적일 때도 있다.

벨기에의 비정부기관인 아포포(APOPO)에서는 쥐를 이용하여 지뢰를 찾고 있다. 첨단장비나 지뢰 탐지견보다 쥐가 지뢰를 찾는 일에 훨씬 더 적합하다고 한다. 일반적으로 지뢰는 5킬로그램 이상의 무게가 가해지면 터진다. 그래서 사람이나 지뢰 탐지견이 지뢰를 찾는 일에는 위험이 따른다. 하지만 쥐는 몸무게가 많이 나가야 1.5킬로그램 정도라서 지뢰가 터질 일이 없다. 후각 또한 개 못지않게 뛰어나다. 그래서 쥐를 훈련시켜 지뢰 '탐지쥐'로 활용하고 있다. 실험 결과를 보면 지뢰 탐지반이 지뢰 하나를 찾아내는 데 20시간이 걸리는 데 비해 쥐는 20분 만에 찾아낸다고 한다. 아프리카나 일부 내전 지역에서는 지뢰 탐지쥐가 많은 활약을 하고 있다.

최첨단 기술보다 때로는 어수룩하고 투박한 것이 사람들에게 더 어필한다. 아이디어를 만들 때도 기술적인 완성도를 높이기보다는 때로는 약간 어수룩하고 투박하게 바꿔보라. 잘 정리정돈된 것보다는 때때로 약간 줄이 맞지 않는 것이 더 효과적이다. 똑 부러지게 일을 처리하는 사람보다는 가끔 빈틈이 보이는 사람에게 더 호감이 가는 것도 마찬가지 원리다. 고화질의 디지털카메라보다는 해상도가 낮은 폴라로이드를 좋아하는 사람이 있다. 아이디어를 만들 때에도 이것을 적용해보자.

단순하게
만들어보자

많은 탁월한 제품이 단순한 생각에서 만들어졌다. 우리는 복잡하게 생각하는 경향이 있다. 복잡한 것이 더 수준 높고 더 좋은 아이디어라고 믿는다. 하지만 그것은 잘못된 생각이다. 오히려 단순하고 유치하게 생각하는 것이 탁월한 아이디어를 만들기도 한다.

단순함의 힘을 보여주는 대표적인 게임이 테트리스(Tetris)다. 테트리스는 1984년에 소련의 과학자 알렉세이 파지노프(Alexey Pajinov)에 의해 만들어졌다. 이후 게임기의 플랫폼이 바뀌면서도 몇 가지 모양을 변형하며 사람들에게 많은 인기를 얻었다. 테트리스의 원형은 고대 로마의 퍼즐 펜토미노스(pentominos)라고 한다. 펜토미노스의 블록은 원래 12개였는데, 파지노프는 이것을 7개의 블록으로 단순화하여 게임으로 만들었다. 사람들이 쉽게 기억하는 한계의 수가 7개라고 한다. 더 많으면 잘 기억하지 못한다. 테트리스는 폭발적인 인기를 끌었다. 좀 더 재미있게 만들기 위해 테트리스를 변형한 게임도 많았지만, 가장 단순했던 첫 번째 버전의 인기를 넘지 못했다.

테트리스의 인기 비결은 단순함이다. 사람들은 많은 돈을 들여 화려한 그래픽에 재미있는 게임을 많이 만들었다. 좋은 기계 플랫폼에 다양한 요소들을 추가한 게임들이 지금도 나오고 있다. 그런데 사람들이 가장 좋아하는 게임들은 언제나 단순한 것이다.

인류 역사상 가장 많은 사람들이 즐겼던 게임은 바둑일 것이다. 검은 돌과 흰 돌을 19×19칸의 바둑판에 두 사람이 번갈아가며 하나씩 놓는 게임이다. 요즘 아이들이 하는 게임과 비교하면, 정말 단순하다. 하지만 그런 단순함이 바로 바둑이 오랫동안 사랑받은 비결이다.

우리의 아이디어도 단순하게 만들어야 한다. 복잡한 치장을 버리고, 핵심적인 요소에 집중하여 단순화해보자.

어떤 문제에 대해 설명을 요구하면, 이렇게 말하는 사람들이 있다.

"내가 알기는 아는데, 어떻게 설명해야 할지 모르겠어."

그 사람은 표현이 서투른 것이 아니라, 핵심을 잘 파악하지 못하고 있다고 봐야 한다. 아무리 복잡한 내용이라도 30초 안에 명쾌하게 설명하지 못한다면 당신은 제대로 이해하지 못하고 있는 것이다.

단순화할 수 있느냐 없느냐가 그것에 대한 핵심을 파악하고 있느냐 없느냐의 기준이다. 이런 기준으로 지금 고민하는 생각들을 단순화해보자. 단순하게 생각하며 아이디어를 만들어보자.

다양한 모임에 참석해보자

아침 6시 50분에 시작하는 조찬 모임들이 있다. CEO 모임, 마케팅 기획자 모임, 인사교육 담당자 모임 등등. 가끔 이런 모임에 참석해보면, 놀랍게도 꽤 많은 사람들이 모임을 만들어 활동하고 있는 것을 보게 된다. 사람이 모이는 곳에는 항상 새로운 아이디어가 있다. 그래서 다른 사람들과 모여 이야기도 나누고 교류도 한다. 나에게 어울리는 모임을 잘 선택하여 꾸준히 참석해보자. 나의 상황에 맞게 꾸준하게 참석할 모임 한두 개를 정하고 나머지는 약간 느슨하게 참석하는 모임을 추가로 가져도 좋다.

아이디어가 필요할 때는 다른 사람과의 연결을 생각해보자. 다른 사람과의 연결을 소재로 한 광고 두 편을 살펴보자. 다음은 캐나다 몬트리올의 한 버스 정류장에 설치된 듀라셀(Duracell) 배터리 광고다. 추운 날 버스 정류장에 사람이 모여든다. 버스 정류장의 양쪽 끝에 손 모양의 버튼이 있어서 최소한 두 사람이 서로 손을 잡고 양쪽 끝을 눌러야 히터가 들어오는 설치 광고다. 사람이 모여야 따뜻한 전기가 통하고 온정도 통하는 것을 보여준다.

코카콜라의 'friendly twist'라는 프로모션을 보자. 대학교에 처음 입학한 친구들이 서로 서먹해하고 있을 때 코카콜라는 특별한 유대관계를 형성할 수 있도록 공짜 코카콜라를 제공한다. 그런데 코카콜라의 병이 약간 다르게 생겼다. 혼자서는 절대 뚜껑을 열 수 없는 병이다. 둘이서 서로의 뚜껑을 맞대고 비틀어야 열리는 신기한 뚜껑이다. 음료를 마시려면 처음 보는 친구에게 말을 걸어 부탁을 해야 하고, 서로 웃으며 뚜껑을 연다. 그러는 사이에 두 사람은 친해진다. CF로 제작된 영상은 이렇게 끝난다. "Open a coke. Open a new friendship."

아이디어는 사람을 통해서 온다. 다른 사람들과 교류하며 정보를 주고받는 것만큼 좋은 아이디어의 재료는 없다. 아이디어에는 재료가 필요하다. 위대한 아이디어는 잠재되어 있던 생각들이 모여 있다가 어느 순간 천둥번개가 치듯이 우리에게 다가온다. 따라서 우리는 평소에 천둥과 번개를 만들 수 있는 재료를 많이 확보해두어야 한다. 아이디어의 가장 좋은 재료는 사람이다. 다양한 사람들을 만나서 나에게 필요한 아이디어의 재료를 얻는 것이 필요하다.

패러디를
만들어보자

아이디어는 독창적이어야 한다. 전혀 달라야 한다. 다른 것과 비슷하거나 또는 충분히 유추할 수 있는 것은 멋진 아이디어가 아니다. 그런데 때로는 처음부터 독창성을 추구하지 않았는데도 오히려 멋진 아이디어를 만드는 경우가 있다. 대놓고 따라 했는데도 멋진 아이디어가 만들어진다. 패러디가 그것이다. 패러디를 활용한 광고를 소개한다.

스마트폰 배달앱인 '배달의 민족' 광고다. 고구려 벽화 〈수렵도〉를 활용하여 철가방을 든 사람이 말을 타고 배달을 간다는 재미있는 설정이다. 특히 우리 민족을 상징하는 '배달의 민족'을 음식을 배달하는 회사

이름으로 삼아 소비자들에게 어필하는 것이 인상적이다. 오른쪽 그림은 마네의 〈풀밭 위의 점심식사〉를 패러디하여 풀밭 위에서 음식을 배달시켜 먹는 장면을 코믹하게 연출하고 있다.

다음 장면도 재미있다. 이 광고는 1930년대 뉴욕에서 고층빌딩을 짓고 있는 건설 노동자들을 찍은 사진을 패러디했다. 안전띠 없이 위험한 곳에서 일하는 노동자의 삶을 담은 사진인데, 그곳에서 자장면을 배달시켜 먹는 재미있는 설정을 했다. 어디선가 본 인상적인 사진을 이용하여 자신들의 서비스를 재미있게 소개하는, 아이디어가 돋보이는 광고다.

패러디는 기존에 알고 있던 것을 활용하는 것이다. 기존의 것에서 출발하여 새로움을 만드는 것이 패러디다. 아이디어는 독창적이어야 한다. 하지만 독창적인 것은 처음에는 생소하게 느껴지기 때문에 소비자에게 쉽게 다가가지 못한다. 그런 의미에서 패러디를 활용하여 친근함과 익숙함으로 접근하는 것은 매우 좋은 전략이다. 그리고 우리가 주의해야 할 것은 독창적인 아이디어라는 결과물이다. 처음부터 독창적으로 출발해야 독창적인 아이디어가 만들어지는 것은 아니다. 처음에는 기존의 아이디어를 모방하고 패러디하는 것으로 시작해도 좋다. 모방과 패러디로 시작하더라도 중간 과정에서 다양하게 변형하면 독창적인 아이디어가 될 수도 있으니까 말이다.

시작이 어렵다. 일단 시작하면 어떻게든 하게 된다. 하다 보면 더 잘하게 된다. 문제는 시작이다. 아이디어를 만들 때도 비슷하다. 시작하는 것이 어렵다. 아이디어의 시작이 어렵다면 모방과 패러디로 시작해보자. 중간 과정에서 충분히 독창적으로 만들 수 있으니까.

스페인 화가 디에고 벨라스케스가 1656년에 완성한 〈시녀들〉이란 그림이 있다. 궁정화가였던 벨라스케스의 화실을 방문한 공주와 시녀들을 그린 그림이지만, 그림에 대한 다양한 해석으로 더 유명하다. 그로부터 300년 후인 1957년에 76세의 피카소는 벨라스케스의 〈시녀들〉을 베껴 그렸다. 그것도 58점이나 연속으로 베껴 그렸다. 물론 모두 크기도 다르고 색채의 느낌도 다르고 스타일도 다르다. 당시 최고의 화가였던 피카소가 하나의 작품을 여러 가지 버전으로 58점이나 베껴 그린 것을 생각해보자. 아이디어는 그렇게 만들어진다.

선택과 집중으로
아이디어를 만들자

"높이 나는 새가 멀리 본다. 그러나 자세히 보지는 못한다."

일반적인 교훈은 '높이 날아오르라'이다. 그래야 멀리 볼 수 있기 때문이다. 멀리 봐야 더 많은 먹이를 볼 수 있기 때문에 유리하다. 하지만 너무 높이 날아오르면 자세히 보지 못하기 때문에 그것이 먹이인지 아니면 돌덩어리인지 구별하지 못한다. 때로는 너무 높이 날아올라서 먹이를 발견하고 내려오는 사이에, 먹이를 놓치기도 한다. 무조건 좋다고 강조하는 것이 다 좋은 것만은 아니다. 때로는 적당하게 포기하고 자신에게 필요한 것을 선택하고 집중하는 것이 중요하다.

아이디어는 평범한 것에 어떤 변화를 줄 때 만들어진다. 평범한 것에 변화를 주는 대표적인 방법은 특정한 것에 집중하고 나머지를 버리는 것이다. 모두 다 잘한다는 것은 전략이 없는 것과 같다. 한정된 시간과 돈 을 활용하여 제품이나 서비스를 제공하는 것이 경제활동이다. 여기서 모두 잘한다는 것은 불가능에 가깝다. 오히려 바보 같은 일이다. 그보다는 특별한 것을 선택하여 집중하는 것이 필요하다. 아이디어도 그렇게 만들어야 한다.

선택과 집중으로 아이디어를 만들 때에는 서번트 증후군을 생각하면 좋다. 서번트 증후군이란 뇌의 특정 부분이 손상을 입었을 때, 뇌의 다른 부분이 손상을 보상하는 의미로 더 강력하게 발달하여 매우 특별한 능력을 발휘하는 것을 말한다. 가령 어떤 사람은 자폐증으로 정상적인 사회생활이 불가능하다. 다른 사람의 도움으로 살아가야 하지만, 기억력만큼은 뛰어나서 전화번호부를 완벽하게 외운다.

위 사진은 스티븐 윌트셔(Stephen Wiltshire)라는 사람이 2005년에 비행

기를 타고 도쿄 상공을 둘러본 후 기억에 의존하여 도쿄의 풍경을 그리는 모습이다. 그는 자폐증을 앓고 있다. 혼자 힘으로 정상적인 생활을 하기가 불가능하다. 하지만 한 번 본 것을 사진처럼 기억하는 능력을 갖고 있다. 사람들은 그를 '살아 있는 카메라'라고 부른다.

어떤 동물은 날카로운 이빨과 강력한 근육이 있고, 어떤 동물은 날렵한 몸과 빠른 다리가 있다. 어떤 동물은 소화력이 좋고 어떤 동물은 번식력이 높다. 이렇게 동물들도 선택적으로 진화했다. 아이디어도 마찬가지다. 한 가지를 선택하여 그것에 집중해야 한다.

앞에서 소개한 서번트 증후군 환자와 비슷한 사람들을 고용하여 특별한 성과를 올리는 회사가 있다. 덴마크의 소프트웨어 검사업체인 스페셜리스테른(Specialisterne)이라는 회사다. 직원의 75퍼센트 이상이 자폐증 환자다. 자폐증 환자는 의사소통 능력이 떨어지고 일반적인 직장생활에 적합하지 않다. 하지만 그들은 강한 집중력을 발휘한다. 그들의 강한 집중력을 이 회사는 소프트웨어 버그를 찾는 일에 활용하고 있다. 섬세한 관찰력과 고도의 집중력을 발휘해야 하는 소프트웨어 버그를 찾는 일을 자폐증 환자에게 맡긴 후 회사의 성과가 크게 향상되었다고 한다.

모두 잘하겠다는 생각보다는 무엇을 선택하고 무엇을 버릴 것인가를 생각하자. 내가 선택한 것에 집중해보자. 그렇게 탁월한 아이디어를 만들어보자.

욕망을 키워보자

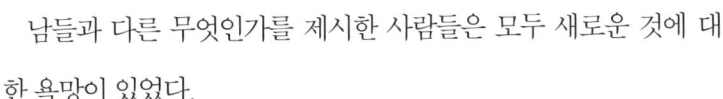

남들과 다른 무엇인가를 제시한 사람들은 모두 새로운 것에 대한 욕망이 있었다.

무엇인가를 하고 싶은 욕망이 새로운 아이디어를 만들게 한다. 어떤 친구는 《플레이보이》를 읽기 위해 영어 공부를 했다고 한다. 처음에는 그 잡지에 실린 사진만 보았지만 도대체 어떤 내용이 있을까 하는 호기심이 생겨서 두꺼운 영어사전을 찾아가며 영어 공부를 했다는 것이다. 어떤 친구는 일본 게임을 좀 더 잘하고 싶어서 일본어를 공부하고, 또 어떤 친구는 일본 만화를 읽기 위해 일본어를 공부했다. 실제로 내 주변에도 그런 친구들이 있었는데, 그들에게는 하나같이 무엇인가 하고 싶다는 욕망이 있었다.

사람들이 모두 욕망이 있는 것은 아니다. 나는 주차가 어려워도 그것에 불편함을 느끼지 못했다. 그래서 자동차가 알아서 주차를 해주거나, 적어도 후방 카메라가 있으면 좋겠다는 욕망을 느끼지 못했다. 하지만 어떤 사람들은 그런 불편함을 느끼고 자동차가 스스로 주차해주기를 바라는 욕망을 가졌다. 그런 욕망은 주차 기술을 가진 자동차를 개발하게 했다.

우리는 욕망을 억누르는 경향이 있다. 그렇게 하라고 배웠기 때문이다. 하고 싶은 것, 갖고 싶은 것을 가지라는 교육보다는 불편해도 참고 인내하고 견디라고 교육받는다. 그러다 보면 좋은 일이 생길 것이라는 교육 말이다. 사회적인 시스템이나 조직의 상황에 대한 불편함을 분출하기보다는 참고 적응하는 것이 미덕이라고 여겨왔다. 물론 그것도 필요하다. 그러나 그렇게 하는 것에 익숙하다 보면, 불편함도 느끼지 못하고 새로운 것에 대한 욕망도 생기지 않게 된다.

이런 일이 있었다. 가족들과 마트에 갔다. 딸아이의 학교 준비물인 피리를 사러 갔는데, 3000원짜리와 5000원짜리가 있었다. 엄마와 아빠는 둘의 차이를 비교하며 어떤 피리를 살까 고민했다. 그때 딸아이가 3000원짜리 피리를 들었다.

"아껴야 부자가 되잖아요. 3000원짜리 살래요. 5000원짜리에 비해 2000원이나 싸니까, 2000원은 저금한 셈이잖아요."

비싼 것을 사지 않고 가격이 저렴한 것을 고르는 딸아이를 보며 엄마는 대견해하는 눈치였지만, 아빠의 입장에서는 꼭 좋아 보이지는 않았다. 나는 5000원짜리 피리를 고르며 말했다.

"아냐. 5000원짜리를 사자. 너는 음악에 소질이 있으니까 A급을 쓰는 것이 좋겠어. 그 대신 피리가 A급인 것처럼 너도 A급이 되어라. 최고로 좋은 것을 선택하고 너도 최고가 되는 거야."

좋은 것을 고르는 것이 한편으로는 허영심으로 보이기도 한다. 잘못된 허영심은 비참한 결과를 가져오지만, 한편으로 허영심과 같은 욕망이 자신의 현재 상태를 끌어올리는 원동력이 되기도 한다. 자신의 허영심을 채우기 위해 노력한다면 그것이 바로 자기계발이고 자기실현이다. 발전이란 현재 상태에 만족하기보다는 자신이 바라는 상태로 옮겨가는 것이다. 예를 들어 1500cc 자동차를 타며 20평 아파트에 전세로 사는 것에 만족하기보다는 3000cc 자동차를 바라고 30평대 아파트를 소유하기를 바라는 욕망이 자신의 삶을 발전시킬 수 있다.

아이디어를 만드는 것도 욕망이 필요하다. 바라는 것이 적은 사람은 아무래도 현재 상태에 만족하고 머무르게 된다. 때때로 허영심처럼 보여도, 불평불만이 섞여서 기분 나쁜 감정을 갖게 되더라도, 그것을 슬기롭게 활용하여 새로운 아이디어를 만들어보자.

슬픔이나 걱정 같은 감정은 수동적 감정이라고 하고, 분노, 불만, 불평 같은 감정은 적극적인 감정이라고 한다. 연구자들에 따르면, 수동적인 감정보다는 적극적인 감정이 독창적인 아이디어를 만든다. 그래서 욕망을 갖고 현재 상태에 불만을 갖는 것이 아이디어를 만드는 데에는 더 도움이 된다. 부정적인 감정에 휩싸이기보다는 건강한 욕망을 가져보자. 때로는 가면을 썼다 벗는 것처럼, 욕망의 가면을 썼다 벗으며 아이디어를 만들어보자. 욕망의 감정을 의도적으로 활용해보자.

질문을 바꿔보자

아이디어가 필요할 때는 질문을 바꿔보자. 우리가 고민하는 어떤 이슈나 문제는 주로 질문의 형태로 던져진다. 아이디어는 그 질문에 답을 찾는 것이다. 그런데 똑같은 상황에서도 그 문제를 표현하는 질문이 다양하게 존재한다. 내가 고민하는 문제의 질문을 다양하게 바꿔보자. 때로는 영어로 표현해보자. 일본어나 중국어 등의 외국어로 문제를 표현해보는 것도 좋다. 질문을 그림으로 할 수도 있다. 다양하게 질문을 바꿔보면 문제의 상황과 관련된 독창적인 아이디어를 발견할 수 있다.

1957년 소련은 인공위성 스푸트니크를 성공적으로 쏘아 올렸다. 이

소식에 미국의 정치권과 과학계는 큰 충격에 빠졌다. 미국과 소련이 자유민주주의와 공산주의로 대립하던 시대였기 때문에 "만약 소련이 이 위성으로 미국 본토에 핵탄두라도 떨어뜨린다면?" 하는 생각만으로도 아찔한 일이었다.

당시 미국 존스홉킨스 대학 응용물리학연구소의 연구원이었던 조지 와이펜바흐(George Weiffenbach)와 윌리엄 귀에르(William Guier) 박사는 스푸트니크에서 보내는 신호를 이용하여 위성의 속도와 위치를 정확하게 파악했다. 그들은 단지 재미로 자신들의 실력을 과시하기 위해 "위성이 지금 어느 곳을 얼마의 속도로 날아가고 있는가?"라는 문제를 알아맞히는 데 집중했다. 그런데 그들과 다른 질문을 한 사람이 있었다. 소련에서 발사한 위성의 속도와 궤적을 정확하게 파악한 그들에게 연구소장이 이렇게 질문했다.

"만약 위성의 궤도를 정확하게 알고 있다면 거꾸로 내가 지구 어디쯤에 있는지를 정확하게 알 수 있지 않을까?"

연구소장이 이렇게 질문한 이유는 미국의 핵잠수함들이 태평양과 같은 넓은 바다를 운항하다 보면 자신의 위치를 알지 못하는 상황이 자주 벌어지기 때문이었다. 2명의 젊은 과학자들은 가능하다는 답을 내놓았고, 실제로 계산에 성공한다. 그로부터 3년 후 미국은 5개의 인공위성을 쏘아 올리고 위성에서 보내는 신호를 바탕으로 자신의 위치 정보를 파악하는 시스템을 확보한다. 이것이 우리가 지금 사용하는 GPS다. 1983년 한국의 KAL기 폭파 사건을 계기로 미국의 레이건 대통령이 군사적인 목적으로만 사용하던 GPS를 민간인도 사용할 수 있게 함으로써 지금은 누구나 차량 네비게이션과 같은 기계에서 GPS를 사용하고 있다. 하늘을 날고 있는 위성의 속도와 위치를 파악하는 것에서 '내가 알고 있는 위성의 신호로 자신의 지리적인 위치를 파악하는 것'으로 질문을 바꾼 것이 GPS의 시작이다.

생각에 대한 생각을 하는 것이 중요하다. 지금 자신이 하고 있는 생각에 대해 한 차원 높은 곳에서 점검하듯 생각에 대한 생각을 할 때, 진정한 현명함이 발휘된다. 질문도 비슷하다. 질문에 대한 질문을 해야 한다. 내가 질문하고 있는 것이 올바른지 또는 효과적인지를 생각해야 한다. 서양은 보편적 진리를 탐구하는 자연철학이 발달했고, 동양은 현실 세계의 삶의 원리를 찾는 정치철학이 발달했다. 이런 동양과 서양의 생각 차이는 2500년 전에 이미 생겼다고 한다. 서양은 탈레스가 던진 질문, "세상 만물은 무엇으로 이루어졌을까?"에 대한 답을 찾는 과정에서 자연철학이 발달했다. 반면 동양에서는 공자가 "인간은 어떻게 살아야 하는가?"라는 질문을 했고, 그것에 대한 답을 찾는 과정에서 정치철학이 발달했다. 수천 년 동안 이어진 동양 철학과 서양 철학의 차이는 2500년 전에 던진 질문으로부터 시작된 것이다.

우리는 지금 어떤 질문을 하고 있는가? 질문에 대한 질문을 해야 한다. 지금의 질문이 올바른지, 또는 다른 질문은 없는지를 생각해보자. 아이디어가 필요할 때는 질문을 다양하게 바꿔보자. 질문이 바뀌면 생각지도 못했던 답을 찾을 수 있다. 그런 답이 획기적인 아이디어가 된다.

행동을 중심으로
생각해보자

좋은 아이디어와 나쁜 아이디어를 구별하는 기준의 하나는 '그

것을 쉽게 행동으로 옮길 수 있는가?'이다. 개념적으로는 좋은데,

구체적인 행동으로 옮기기 어려운 아이디어들이 있다. 그런 아이디어

는 좋은 아이디어가 아니다. 행동으로 바로 옮길 수 있는 것이 좋은 아

이디어다. 그런 의미에서 아이디어를 위한 아이디어가 아니라, 처음부

터 행동 중심으로 아이디어를 만들면 좋다.

남아프리카공화국의 비영리 단체인 블리키스도르프포호프(Blikkiesdorp

4 Hope)는 비위생적인 환경에서 생활하는 아이들을 대상으로 손 씻기

캠페인을 벌였다. 이때 일방적으로 교육하는 것보다 더 효과적인 방법

을 생각했다. 그들이 찾은 아이디어는 비누 안에 장난감을 넣어서 아이들에게 나누어주는 것이었다. 이 비누는 희망 비누(HOPE SOAP)라는 이름으로 아이들에게 전달되었다. 아이들은 좋아하는 장난감을 갖기 위해 누가 시키지 않아도 손을 씻었다. 희망 비누 덕분에 아이들의 위생 상태는 70퍼센트가 개선되었고, 호흡기 감염은 75퍼센트나 줄었다고 한다.

예전에 병원이나 은행에서 줄을 서서 순서를 기다릴 때 새치기를 하는 사람이 꼭 있었다. 이 문제를 해결하기 위해서 의식계몽 캠페인을 대대적으로 벌이기도 했다. 매스컴에서도 질서의식에 대한 이야기와 선진문화를 갖추자는 이야기를 많이 했다. 하지만 사람들의 생각과 행동은 별로 달라지지 않았다. 그래서 한국인은 시민의식이 낮다는 자기 비하도 많았다. 그런데 요즘은 병원이나 은행에서 새치기가 없어졌다.

이유는 번호표 때문이다. 이제는 먼저 온 순서대로 번호표를 뽑고 자신의 번호가 불리면 가서 일을 처리한다. 생각을 바꾸라고 말하는 것만으로는 충분하지 않다. 더 효과적인 방법은 번호표와 같은 기계를 만드는 것이다.

우리의 아이디어 역시 은행의 번호표 기계를 도입하는 것과 같이 만들어져야 한다. 막연하고 모호한 아이디어는 아무리 그럴듯해 보여도 실행하기 어렵다면 소용이 없다. 아이디어는 실현되어야 된다. 구체적으로 구현할 수 있어야 한다. 그래서 행동과 더 밀접하게 연결된 아이디어가 더 좋은 아이디어다.

중국의 최대 전자상거래 회사인 알리바바의 대표 마윈(馬雲)이 알리바바에 투자했던 일본의 손정의 회장과 이런 이야기를 나누었다고 한다. "일류 아이디어에 삼류 실행을 더하는 것과 삼류 아이디어에 일류 실행을 더하는 것 중에 어느 것을 선택할 것인가?" 두 사람 모두 후자를 선택했다. 아이디어가 삼류라도 실행이 일류인 것이 더 좋다는 것이다. 아이디어는 실행을 위해 만드는 것이다. 따라서 아이디어를 만드는 단계에서부터 실행을 생각하는 것은 더 좋은 아이디어를 만드는 강력한 방법이다.

Recipe 91

감정의
틀을 깨라

아이디어의 적은 고정관념이다. 고정관념은 생각이 일정한 범위 안에 갇혀서 머무르는 것이다. 고정된 생각을 확장하고 자유롭게 펼쳐야 새로운 아이디어를 얻을 수 있다. 그런데 생각을 고정시키는 가장 강력한 요소는 감정이다. 우리의 생각은 감정의 영향을 받는다. 감정이 생각을 움직인다. 그래서 감정 상태를 바꾸지 않으면 생각은 바뀌지 않는다. 생각의 틀을 깨기 위해서는 감정의 틀을 먼저 깨야 한다. 다음의 그림을 보자.

루벤스의 〈시몬과 페로〉, 암스테르담 국립미술관

　늙은 노인이 젊은 여인의 젖가슴을 빨고 있다. 선정적이면서도 선뜻 이해하기 힘든 이 그림은 17세기 네덜란드의 화가 루벤스의 작품이다. 이 작품은 선정적으로 보이지만, 내용은 전혀 그렇지 않다. 로마시대 시몬이란 사람이 왕의 노여움을 사서 형벌을 받고 감옥에 갇혔다. 시몬은 아무것도 먹지 못하고 서서히 죽어가고 있었다. 해산한 지 얼마 안 된 시몬의 딸 페로는 죽어가는 아버지를 그대로 둘 수 없어서 감옥으로 찾아가서 자신의 젖을 물렸다. 딸의 효성에 감동한 왕은 시몬을 풀어주었다고 한다. 그것이 이 그림의 스토리다. 감동적인 스토리인데도, 그림이 주는 느낌 때문에 사람들은 이 그림을 계속 선정적으로 보았다.

　그런데 더 큰 문제가 생겼다. 루벤스는 당시 서른일곱 살이나 어린 여자와 결혼했는데, 왕실이나 귀족들은 그것을 탐탁지 않게 생각했다. 그런데 〈시몬과 페로〉에 등장하는 아버지와 딸이 실제 루벤스 자신과 어린 아내의 얼굴과 닮았던 것이다. 〈시몬과 페로〉는 성경에 나오는 유명한 이야기지만, 사람들은 루벤스가 자신의 성적 욕망을 작품에 투영했다고 비난했다. 감정적인 사람들은 그를 외설적인 화가로 몰아붙였고, 왕실과 귀족들은 그에게 더 이상 그림을 주문하지 않았다. 결국 그는 벨기에의 외딴 마을로 낙향하여 쓸쓸히 죽음을 맞이했다. 그가 죽은 후 〈시몬과 페로〉는 뛰어난 작품성을 인정받았다.

많은 일들이 이와 비슷하다. 더구나 요즘은 감정의 시대다. 페이스북과 같은 소셜 네트워크를 통해 정보의 공유뿐만이 아닌, 감정의 공유가 거의 실시간으로 이루어지는 시대다. 이렇게 감정이 빠르게 전파되고 공유되는 사회에서는 감정의 틀에 갇히면 왜곡된 판단을 하기 쉽다. 감정이 우리의 생각을 조정한다는 사실을 기억하자. 그리고 생각의 틀을 깨기 위해 먼저 감정의 틀을 깨보자.

Recipe 92

되는 것을
생각하자

아이디어를 만드는 강력한 방법 중 하나는 어떻게 해서든 일이 되게 만들겠다고 생각하는 것이다. 망설이고 주저하지 않고 어떻게든 일이 되게 만들겠다는 마음의 태도가 실제로 강력한 아이디어를 만든다. 잘 알려진 정주영 회장의 에피소드를 살펴보자.

1975년 여름, 박정희 대통령이 당시 현대건설 사장이던 정주영을 청와대로 불렀다.

"달러를 벌어들일 좋은 기회가 왔는데도 일을 못하겠다는 작자들이 있습니다. 지금 당장 중동에 다녀오십시오. 만일 정 사장도 안 된다고 하면 나도 포기하지요."

정주영은 무슨 이야기인지 되물었다.

"2년 전 석유파동 이후 지금 중동 국가들은 벌어들인 달러로 사회 인프라를 건설하려고 합니다. 그런데 너무 더운 나라라서 선뜻 일하겠다는 기업이 없는 모양입니다. 그래서 우리 기업이 일할 의사가 있는지를 타진해왔습니다. 관리들을 보냈더니 2주 만에 돌아와서 하는 얘기가 낮엔 너무 더워서 일을 할 수가 없고, 건설 공사에 절대적으로 필요한 물이 없어 도대체 공사를 할 수 없다는 겁니다."

"그래요? 제가 오늘 당장 가보겠습니다."

정주영은 5일 후 다시 청와대에 들어가서 박정희 대통령을 만났다. 그리고 이렇게 말했다.

"지성이면 감천이라더니 하늘이 우리나라를 돕는 것 같습니다."

"무슨 얘기요?"

"중동은 이 세상에서 건설 공사하기 제일 좋은 땅입니다. 1년 열두 달 비가 오지 않으니 1년 내내 공사를 할 수 있지요. 건설에 필요한 모래 자갈이 현장에 지천으로 있으니 자재 조달이 쉽습니다."

"물 걱정을 많이 하던데?"

"그거야 어디서 실어오면 되지요."

"50도나 된다는 더위는?"

"낮에는 천막 치고 자고, 밤에 일하면 됩니다."

정주영의 말대로 한국인들은 낮에는 자고 밤에는 횃불을 켜고 일했다. 온 세계가 깜짝 놀랐다. 1976년에 사우디아라비아가 발주한 주베일 항만공사는 공사 금액이 당시 우리나라 예산의 절반에 맞먹는 9억

3000만 달러였다. 주베일 항만공사를 성공적으로 끝낸 뒤 현대건설은 쿠웨이트 슈아이바항 확장 공사, 두바이 발전소 등 중동 일대의 대형 공사를 잇따라 수주했다. 1975년에 중동에 진출한 현대건설은 1979년까지 약 51억 6400만 달러를 벌어들였다.

정주영 회장은 대한민국 역사에서 대부분의 사람들이 첫 번째로 꼽는 경영자다. 우리는 성공한 사람들은 매우 운이 좋았을 것이라는 편견이 있다. 정주영 회장의 경우도 마찬가지다. 하지만 그의 자서전이나 자료를 보면 그는 오히려 운이 나쁜 사람이었다. 다만 어려움을 기회로 바꾸는 탁월한 능력이 있었다. 사람들은 그런 것을 긍정적인 사고라고 부르기도 하고, 성공을 끌어당긴다는 말을 하기도 한다. 세상의 모든 것에는 두 가지 모습이 있다. 어려움이 많고 장벽이 높을수록 오히려 더 큰 기회가 숨어 있다. 같은 상황에서 어려움이나 장벽보다 기회를 먼저 보는 것이 긍정적인 사고다. 그런 긍정적인 생각이 탁월한 아이디어를 만든다. 정주영 회장은 긍정적이고 적극적인 생각을 바탕으로 탁월한 아이디어를 발휘하여 수많은 성공 스토리를 썼다.

중동에 갔다 온 후 정주영 회장이 그곳을 건설 공사하기 좋은 곳이라고 말한 첫 번째 이유를 보자. 그의 첫마디는 '1년 내내 공사를 할 수 있다'는 것이었다. 1년 내내 쉬는 날 없이 일할 수 있다고 흥분하던 당시 60세의 정주영 회장을 상상해보라. 그의 그런 열정이 긍정적인 생각과 결합하여 지금까지도 전설처럼 전해지는 성공 신화를 만들었다.

Recipe 93

양자택일이 아닌 양자택이를 하자

무엇인가를 얻기 위해서는 무엇인가를 포기해야 한다. 이를 트레이드 오프(trade off)라고 한다. 예를 들어 상품의 품질을 높이다 보면 가격이 올라가고, 가격을 낮추면 품질이 떨어진다. 우리는 이런 양자택일의 상황에 자주 놓인다. 그런데 품질을 높이고 가격은 낮추는 방법이 없을까? 둘 중 하나를 선택하는 양자택일이 아닌 둘 모두를 얻는 양자택이는 없을까? 아이디어는 양자택이를 만드는 시간이다. 둘 중 하나를 쉽게 선택하는 것은 아이디어가 빈곤하다는 뜻이다.

아이디어를 만들 때에는 트레이드 오프가 아닌 창의적 대안(creative option)이라는 단어를 기억하면 좋다. A와 B, 둘 중 하나를 의미하는 'A or B'가 아닌 A와 B 모두를 의미하는 'A and B'를 생각해야 한다.

인천 계양구에서 이런 일이 있었다고 한다. 구청에 서로 상반되는 민원이 들어왔다. 계양구에는 농사를 짓는 사람이 많았는데, 한여름철에 밤새도록 보안등을 켜놓아서 벼가 여물지 않는다는 민원이었다. 쉽게 말하면 사람처럼 벼도 밤에는 자고 낮에는 광합성을 해야 하는데, 밤새도록 등이 환하게 켜져 있어서 제대로 성장하지 못하고 있다는 것이었다. 실제로 밤에 켜놓는 보안등 때문에 농작물의 수확량이 눈에 띄게 감소하는 상황이었다.

그래서 보안등을 껐다. 그러자 이번에는 더 심각한 문제가 발생했다. 밤이면 암흑 지대로 변해서 노상 강도 사건이 발생하는 등 치안이 위험해진 것이다. 농사를 짓지 않는 주민들은 범죄 예방을 위해 보안등을 켜줄 것을 요구하는 민원을 구청에 냈다.

농촌의 도시화로 생긴 이 문제를 두고 공무원들은 고민했다. 이 문제를 쉽게 해결하는 방법은 둘 중 하나를 선택하는 것이다. 보안등을 켠다와 끈다, 둘 중 하나를 선택하는 수밖에 없어 보였다. 그러나 구청 공무원들은 양자택일이 아닌 두 마리 토끼를 잡는 양자택이의 아이디어가 없을까 고민했다.

그 과정에서 그들은 무전극 램프를 알게 되었다. 적색 파장의 나트륨 광원은 식물의 광합성을 촉진하지만, 녹색 파장의 무전극 광원을 사용하면 엽록소 흡수가 적어 농작물 피해를 줄일 수 있다. 인천 계양구는 전국 최초로 보안등에 무전극 램프를 채택하는 것으로 두 가지 민원을 한번에 해결했다.

아이디어를 만든다는 것은 두 마리 토끼를 잡는 것이다. 둘 중 하나를 선택하는 것은 쉬운 일이다. 게으르게 일하는 방식이다. 반면 둘 모두를 얻는 것은 어려운 일이다. 부지런히 일하는 방식이다. 세상을 제로섬으로 보는 사람은 둘 중 하나를 선택하는 트레이드 오프에 익숙하다. 반면 플러스 마인드를 가진 사람은 둘 다 얻는 창의적 대안을 생각한다.

양자택일	양자택이
트레이드 오프	창의적 대안
OR 사고	AND 사고
제로섬 마인드	플러스 마인드
쉬운 일, 게으른 방식	어려운 일, 부지런한 방식

창의적인 대안을 만드는 '양자택이'는 두 마리 토끼를 잡는 방법이 반드시 있다는 믿음에서 출발한다. 가끔은 둘 중 하나를 선택해야 할 것처럼 보인다. 두 마리 토끼를 동시에 잡을 방법은 없다는 생각이 든다. 하지만 이렇게 생각해보자. 만약 내가 알고 있는 세상의 지식을 퍼센트로 표시해보면, 다음 그림에서 어느 정도를 그리겠는가?

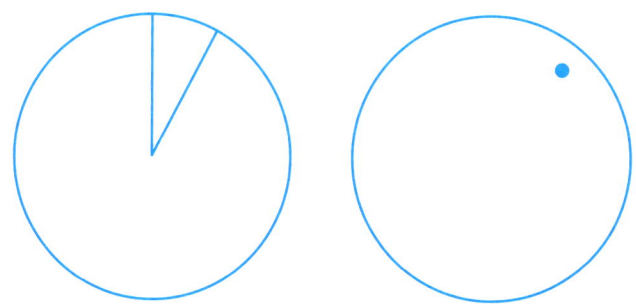

어떤 사람은 10퍼센트를 표시하고, 어떤 사람은 점 하나로 표시한다. 맞는 말이다. 우리가 알고 있는 세상의 지식은 점 하나 정도밖에 안될 것이다. 아이디어도 비슷하다. 우리가 기존에 알고 있던 아이디어는 실제로 존재하는 아이디어 중에서 점 하나 정도로 표시될 만하다. 다시 말해서 아이디어는 무한정 많다. 내가 모르고 있을 뿐이다. 그렇다면 두 마리 토끼를 동시에 잡는 방법도 어딘가에 반드시 있지 않을까?

Recipe 94

아이디어를
즐기자

재미가 있어야 성과도 있고 의미도 있다. 아이디어를 만드는 일
도 재미가 있어야 한다. 재미 없이, 의무감으로 만들어지는 아이디
어는 결코 좋은 아이디어가 될 수 없다. 그래서 아이디어를 만들 때에
는 그 과정을 즐겨야 한다. 리더라면 구성원들이 즐겁게 아이디어를 만
들 수 있게 환경을 만들어주어야 한다. 재미가 중요하다는 것을 깨닫게
해준 일화를 소개한다.

대학교 1학년 때 컴퓨터 수업을 들었다. 요즘은 어려서부터 컴퓨터
를 접하지만, 당시에는 대학교 때 처음으로 컴퓨터를 학교 전산실에서
구경하던 시절이었다. 당시 모범생 A와 게으른 B가 처음으로 컴퓨터를

배웠다. 컴퓨터의 모든 작업은 타이핑이 기본이다. 그래서 둘은 한 달 동안 타이핑 연습을 하기로 했다. A는 매우 성실하고 근면한 모범생답게 키보드의 배열에 따른 각 손가락의 위치를 외우고 반복적으로 연습을 했다. 또한 그는 지루함을 참으며 소설책을 그대로 타이핑했다. 타이핑 연습을 하는 프로그램이 있어서 그것을 잘 따라서 했다.

반면 B는 게으르고 노는 것을 좋아했다. 그는 타이핑 연습을 몇 번 하고는 지루함을 참지 못하고 놀 궁리를 했다. 그는 여자아이들과 채팅을 하면서 농담을 주고받는 데 재미를 붙여서 한 달 동안 채팅만 했다. 자, 한 달 후에 누가 더 타이핑을 잘했을까? 워드프로세스를 배운다면 누가 더 빨리 칠까? 모두가 짐작하듯이 성실하게 연습한 모범생 A보다 놀기를 좋아하는 게으른 B가 타이핑 실력이 더 뛰어났다. 여기서 중요한 차이는 재미다.

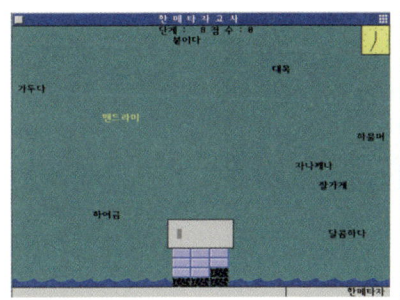
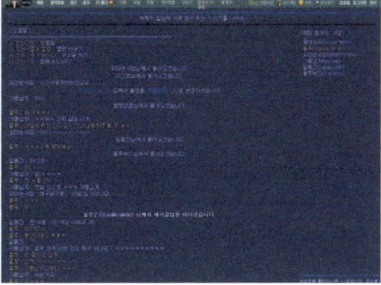

무엇이든 재미있고 즐거워야 한다. 타이핑을 배우기 위해서는 그것을 몸으로 익히는 시간이 필요하다. 모든 일이 그것을 배우는 시간을 요구한다. 때로는 그 시간이 길어질 수도 있다. 그래서 진지한 마음으로 열심히 하겠다는 생각으로만 접근하면 오히려 그 시간을 견디지 못하고 제대로 배우지 못하게 된다. 그 과정을 즐겨야만 잘 배울 수 있는 것이다.

　주위에 아이디어가 뛰어난 것을 살펴보라. 거기에는 반드시 재미가 있다. 광고 하나를 보자.

　자동차 랜드로버(LAND ROVER)의 광고다. 출입국 스탬프를 모아 자신들이 만드는 차를 잘 형상화했다. 자신들의 제품이 전 세계적인 사랑을 받고 있다는 것을 단순하면서도 인상적으로 표현하고 있다. 이런 독창적인 아이디어를 보면서 우리는 먼저 재미를 느끼게 된다.

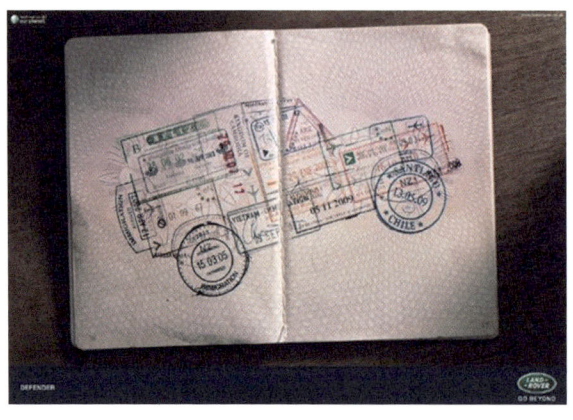

　아이디어는 재미다. 다른 어떤 일보다도 아이디어는 재미와 밀접한 연관이 있다. 재미있는 사람이 아이디어를 잘 만들고, 아이디어를 잘 만드는 사람은 분명 재미있는 사람이다. 자신이 아이디어가 부족하다고 생각한다면 먼저 재미있는 사람이 되어보자. 마음가짐부터 재미있는 사람이 되기로 마음먹어야 한다.

최초가 될 수 있는 것을
생각하자

"세계 최초로 에베레스트 정상에 도달한 사람은?"

"세계 최초로 인공위성을 쏘아 올린 나라는?"

"세계 최초로 자동차를 만든 회사는?"

퀴즈 프로그램에 나올 것 같은 문제들이다. 이렇게 사람들은 최초를 기억한다. 사람도 그렇고, 기업도 그렇고, 제품도 그렇다. 기억된다는 것은 그만큼 관심을 끈다는 것이다. 마음을 사로잡았다는 것이다. 최초로 달에 도달한 우주선에는 닐 암스트롱과 그의 동료들이 타고 있었다. 하지만 우리는 달에 첫발을 내디딘 암스트롱만을 기억한다.

우리는 최고가 되고 싶어한다. 최고가 되기 위해 경쟁하고 노력한다.

하지만 최고가 되겠다는 생각보다는 최초가 되려고 해야 한다. 최초가 최고보다 좋은 이유는 일단 최고보다는 최초가 더 쉽기 때문이다.

이런 질문을 해보자. "10명이 달리기를 한다. 모두 1등을 하는 방법은?" 모두 1등을 하는 방법이 있나? 있다. 10명이 모두 다른 방향으로 뛰면 된다. 우리의 삶도 그렇다. 각자 다른 분야에서 많은 1등이 존재한다. 아직 1등이 아닌 사람은 새로운 분야를 개척하면 1등을 할 수 있다. 최초가 되면 자연스럽게 최고가 될 수 있다. 아이디어를 만드는 것도 마찬가지다. 최고가 되기 위해서는 최초가 되어야 한다.

예를 들어 제습기 시장에서는 '물 먹는 하마'라는 제품이 히트했다. 이 제품 이후에 많은 동물 시리즈 제품이 나왔다. '물 먹는 메기', '물 먹는 코뿔소' 등등. 하지만 제대로 팔린 제품은 물 먹는 하마뿐이다. 최초가 최고가 되는 이유다.

세계 최초로 회전초밥집을 떠올린 사람은 히라이시 요시아키라는 주방장이다. 그는 1947년 오사카 공장 지대의 어느 초밥집에서 일하고 있었다. 그는 늘 이런 고민을 했다. "값싸고 맛있고 배불리 먹을 수 있는 초밥집은 없을까?" 그러던 중 아사히 맥주 공장을 견학하던 그는 엉뚱한 생각을 떠올렸다. "초밥집에 컨베이어벨트를 도입하면 좋겠어!" 당시 생선 초밥집에서는 보통 10종류의 초밥을 판매하고 있었다. 초밥의 종류가 많아지면 시간과 재료비가 많이 들어가기 때문이었다. 히라이시는 오늘날과 같은 좀 더 쉽고 다양하게 서비스할 수 있는 회전초밥집이라는 아이디어를 생각해낸 것이다. 그러나 컨베이어벨트가 90도

급커브를 돌 때 접시가 떨어지는 어려움을 쉽게 극복하지 못했다. 그는 처음 아이디어를 떠올린 지 11년 만인 1958년에 세계 최초로 회전초밥집 '겐로쿠'를 열었다. 25가지 종류의 생선초밥을 파는 빠르고 싸고 맛있는 가게라는 입소문이 나면서 겐로쿠는 큰 인기를 끌었다. 이후 5년 만에 일본에 240개의 지점을 냈고, 한국, 홍콩, 미국, 유럽으로 진출하여 세계적인 히트 상품이 되었다.

"최고가 되기보다는 최초가 되어라."

"최초가 되는 것이 최고가 되는 길이다."

사실 이런 말을 하는 사람은 많다. 남들과 같은 것을 선택하여 경쟁하지 말고, 남과 다른 것을 선택하라고 조언한다. 하지만 누구도 쉽게 남과 다른 것을 선택하지 못한다. 남과 같은 것을 선택하여 남보다 더 열심히 노력하려고만 한다.

왜 그럴까? 그 이유는 남과 다른 것을 선택하는 것은 두려운 일이기 때문이다. 자신이 맞고 남이 틀렸다는 확신이 있어도 남과 다른 길을 가는 것은 망설여지는 일이다. 따라서 최초가 되기 위해서는 그런 두려움을 이겨내는 담대함이 필요하다.

두렵고 어렵게만 보이는 것도 막상 부딪혀보면 아무것도 아니다. 남과 같은 것을 선택하여 경쟁만 하려 하지 말고, 과감하게 남과 다른 것을 선택해보자. 최고가 되는 가장 쉬운 방법은 최초가 되는 것이라는 사실을 기억하자.

Recipe 96

일단
뒤집어보자

아이디어를 만들기 위해서는 관점을 바꾸는 것이 필요하다. 카메라 앵글을 다른 각도에서 잡으면 같은 대상을 찍어도 다른 사진이 나오는 것처럼, 같은 대상이라도 다른 관점에서 보면 다양한 생각이 나올 수 있다. 관점을 잘 전환하는 것은 말을 잘하는 사람들의 공통점이다. 한마디로 '말빨이 세다'는 사람은 이야기의 초점을 자유롭게 바꾼다. 자신에게 유리하게 말이다. 잘 알려진 힐러리 클린턴의 이야기를 한번 살펴보자.

클린턴 대통령과 힐러리 여사가 시골 길을 가다 한 주유소에 들렀다. 그곳에서 주유소를 운영하는 힐러리의 옛 남자친구를 만났다. 주유를 마치고 나오는 길에 클린턴은 어깨에 힘을 주고 말했다. "당신이 저 남자와 결혼했다면 시골에서 주유소를 운영하고 있겠지?" 클린턴의 말에 힐러리는 이렇게 대답했다. "아니요, 저 남자가 미국의 대통령이 되었겠죠."

말을 잘하는 사람은 발음이 좋은 사람이 아니다. 특정한 상황에서 자신에게 유리하게 이야기의 초점을 잘 바꾸는 사람이다. 순간적으로 유연하게 생각하며 관점을 잘 바꾸는 훈련이 된 사람들이다. 힐러리처럼 말이다. 관점을 바꾸는 것은 새로운 아이디어를 만드는 데 매우 중요한 부분이다. 관점을 바꾸는 가장 쉬우면서 효과적인 방법은 무조건 거꾸로 뒤집어보는 것이다.

예를 들어 사파리(safari) 여행을 생각해보자. 아프리카의 한 동물원에서 직원들이 회의를 했다. 어떻게 하면 새로운 관광상품을 만들 수 있을까? 한 직원이 사람과 동물을 일단 거꾸로 해보자고 제안했다. 사람이 동물을 구경하는 것이 아니라, 동물이 사람을 구경하게 할 수도 있지 않을까? 처음에는 이상한 아이디어로 들렸지만, 상황에 맞게 조정하자 지금의 사파리 여행이 되었다.

아이디어를 만들 때에는 일단 거꾸로 뒤집어보라. 상황을 뒤집어보고, 대상을 뒤집어보고, 상식을 뒤집어보라. 그런 생각들은 처음에는 이상하게 들린다. 하지만 그 이상한 것을 정상적으로 만들 수 있다면 독특한 아이디어가 된다. 이것은 유머를 만드는 방법이기도 하다. 사실 새로운 아이디어를 가장 많이 경험할 수 있는 것이 유머다. 그래서 아이디어가 필요할 때는 유머집을 보면 많은 도움이 된다. 관점을 뒤집으며 아이디어를 만들고 유머를 만들었던 사례 하나를 소개한다.

로널드 레이건은 70세의 나이에 미국 대통령에 당선되었다. 당시 경쟁자였던 먼데일 후보는 50대였다. 대통령 선거 TV 토론에서 사회자가 이렇게 질문했다.

"레이건 씨, 이번 대선 경쟁에서 나이가 문제 되지 않을까요?"

사회자의 질문에 레이건 후보는 즉흥적으로 이렇게 응수했다.

"나는 상대 후보가 연소하고 경험이 얕다는 점을 정치적으로 이용하지 않을 겁니다."

그의 말에 경쟁자인 먼데일 후보마저 웃음을 참지 못했다고 한다. 나이에 대한 관점을 뒤집은 레이건의 대답은 유권자들에게 유쾌함을 주었고, 그는 결국 미국 40대 대통령이 되었다.

내가 좋아하는 것에서
시작하자

사람들이 좋아하는 것은 내가 좋아하는 것이다. 독특하고 남다른 것을 만드는 것도 바로 나의 취향을 살리는 것이다. '가장 한국적인 것이 가장 세계적인 것이다'라는 말이 있다. 우리는 각자가 고유한 존재이기 때문에, 나다운 것이 가장 독창적인 것이다. 그래서 남의 눈치를 보기보다는 내가 좋아하는 것, 나의 취향에서 시작하는 것이 좋다. 그것이 독창적이고 차별적인 아이디어가 된다.

남자와 여자의 데이트를 생각해보자. 여자들이 데이트할 때, 가장 싫어하는 남자는 "뭐 하실래요?", "어디 갈까요?" 하고 물어보는 남자라고 한다. 이렇게 물어보며 우왕좌왕하는 남자에 대해서 여자는 속으로 짜증을 낸다. 이런 남자는 애프터 신청을 해도 퇴짜맞을 확률이 높다. 여자들은 남자가 리드하기를 원한다. 남자가 야구 보러 가자고 하면, 야구장에도 처음 가게 된다. 그렇게 새로운 경험을 하게 해주는 남자를 여자는 좋아한다. 고객도 마찬가지다. 새로운 제품과 서비스로 새로운 경험을 하는 것은 고객이 원하는 것이 아닌, 고객이 잘 모르는 것을 제공받았을 때다. 그래서 아이디어를 만들 때에는 내가 좋아하는 것, 나의 취향, 나의 특수성에서 출발하면 독창적인 아이디어를 만드는 데 유리하다.

고객의 목소리를 귀담아듣는 것도 중요하지만, 더 중요한 것은 고객이 생각하지 못했던 새로운 가치를 제공하는 데 있다. 그래야 고객은 감동한다.

소니의 창업자 아키오 모리타(盛田昭夫)는 이렇게 주장했다. "소비자를 새로운 제품으로 리드해가야 한다. 소비자는 무엇이 가능한지 모르지만, 우리는 알기 때문이다." 그의 말처럼 소비자들은 워크맨과 같은 기계가 가능한지, 또는 터치 스크린으로 작동되는 스마트폰이 가능한지 알지 못한다. 그것은 기술을 갖고 있는 사람만이 알 수 있다. 그런 기술로 어떤 개념의 제품을 만들어 소비자를 즐겁게 해줄 것인가는 기술을 가진 사람이 결정해야 한다. 그리고 그것을 고객에게 제공해야 한다. 그래야 진정으로 고객을 만족시킬 수 있다.

우리는 고객을 만족시키고 고객이 원하는 것을 제공하고 싶다. 그리고 고객에게 그들이 원하는 것을 묻고 열심히 듣는다. 그런데 때로는 광범위한 시장조사를 벌여 철저하게 고객이 원하는 신제품을 개발해서 제공했는데도 외면당하는 경우가 있다.

대표적인 사례로, 맥도날드는 시장조사를 통해 '다이어트 버거'의 수요가 충분하다는 판단을 내렸다. 그러나 막상 제품이 출시되자 소비자들은 철저하게 외면했다. "다이어트해야지" 하고 응답하는 사람은 많았지만, 실제로 맛을 포기하고 다이어트를 선택하는 소비자는 그리 많지 않았다. 이것은 "거리에 휴지가 떨어져 있으면 주워야 한다"라고 응답하지만, 그중 90퍼센트가 실제로 거리에 떨어진 휴지를 줍지 않았다는 연구 결과와 비슷하다.

고객이 원하는 것을 제공하겠다는 생각에는 한계가 있다. 이것은 시장조사의 한계로 이해할 수 있다. 소비자는 '진실'을 말하는 것이 아니라 '정답'을 말하는 경향이 있기 때문이다. 예를 들어 수입 차를 산 소비자에게 "왜 수입 차를 샀습니까?"라고 물으면 대부분의 사람들은 '엔진이 강해서, 디자인이 좋아서, 연비가 탁월해서' 등의 이유를 내놓는다. 하지만 진실은 대부분 '폼이 나기' 때문이다. 이것이 시장조사의 함정이다.

때로는 고객의 목소리를 무시하면서도 고객을 리드해야 한다. 전문가용 SLR 카메라의 경우 고객들은 카메라 본체뿐만 아니라 해당 제품에 호환되는 렌즈를 구입하는 데 많은 투자를 하게 된다. 니콘은 수동 초점(Manual focus) 카메라 시대의 마켓 리더로 군림했으나 자동 초점 기술에 대한 적절한 대응이 늦었다. 수동 렌즈에 많은 투자를 한 고객들을 실망시키고 싶지 않았던 니콘은 자동 초점의 도입을 망설였을 뿐만 아니라, 호환성을 고집함으로써 자동 초점 기능에서도 약간의 성능 저하를 감수해야 했다. 반면 캐논은 기존 자사 렌즈와의 호환성을 과감히 포기하는 결단을 내림으로써 향상된 자동 초점 성능으로 다시 한 번 도약의 토대를 마련할 수 있었다. 이렇듯 고객의 목소리에 지나치게 끌려 다니면 오히려 제품 혁신에 방해가 되기도 한다.

고객을 리드하는 고객 리더십을 발휘해야 한다. 그래야 진정으로 고객을 만족시킬 수 있는 혁신적인 제품을 시장에 내놓을 수 있다. 전화기를 발명한 그레이엄 벨에게 '내가 멀리 있는 사람과 통화를 하고 싶은데, 전화기를 만들어주시오'라고 말한 사람은 아무도 없었다는 것을 기억해야 한다. 또한 에디슨에게 '전구를 좀 만들어주시오'라고 말한 사람은 아무도 없었다. 획기적인 또는 혁신적인 제품이나 서비스는 고객이 원하는 목소리를 듣고 제공하는 것이 아니라, 고객도 몰랐던 필요를 제공하는 것이다.

Recipe 98

운동을
하자

"매일 아침 규칙적으로 달리기를 하는 녀석에게는 창의성을 기대할 수 없다."

예전에 어떤 교수님이 하신 말씀이다. 규칙적이고 모범적인 생활은 창의적인 아이디어와 어울리지 않는 것처럼 느껴진다. 창의적인 아이디어를 내는 사람은 왠지 자유분방한 생활을 하고 담배를 손에서 놓지 않으며 저녁이면 어디선가 술을 마시고 있을 것 같다. 그래서 창의적인 아이디어와 규칙적인 운동은 서로 동떨어진 것처럼 보인다. 하지만 실제로는 전혀 그렇지 않다.

세계적인 베스트셀러 작가인 무라카미 하루키는 마라톤 예찬론자다. 그는 매일 꾸준히 달린다. 달리기는 그의 창작에 가장 큰 자양분이 되고 있다. 예술이나 문학이 아닌 비즈니스의 창의적 아이디어를 원하는 사람에게는 더더욱 건강하고 규칙적인 생활과 운동이 도움이 된다. 건강하게 뇌를 쓰고 마음을 쓰고 배짱을 쓰는 것이 창의적인 아이디어를 만든다.

건강한 신체에서 건강한 아이디어가 나온다. 가끔 운동에 대한 아이디어를 이야기하는 경우가 있다. 헬스클럽에서 많은 사람들이 운동을 하고 있는데, 그런 운동으로 발생하는 에너지를 전기 에너지와 같은 형태로 바꿀 수 있다면 그것이 바로 돈을 만드는 방법이 된다. 예를 들어 지하철의 한쪽 공간에 자전거가 있어서 그 자전거 페달을 밟으면 휴대전화를 충전할 수 있는 기계가 있다면 어떨까? 이런 기계를 가져다놓으면 지나가던 사람들이 운동도 하고 휴대전화도 충전할 수 있을 것이다.

이렇게 엉뚱하게 상상하던 일이 실제로 멕시코의 수도 멕시코시티에 생겼다. 운동을 하면 무료 지하철 표를 주는 '무료 승차권 벤딩머신'이 등장한 것이다. 벤딩머신 앞에서 일정한 시간 동안 운동을 하면 지하철 승차권을 무료로 받을 수 있다.

멕시코는 성인의 70퍼센트가 비만이라고 한다. 비만이 큰 사회문제로 등장하자, 시민의 건강을 위해 칼로리를 소모하면 무료 승차권을 주는 기계를 설치한 것이다. 이 기계가 멕시코의 비만 문제를 얼마나 해결해줄지는 미지수이지만, 많은 시민들에게 큰 호응을 얻고 있다.

몸과 마음과 머리가 따로 놀 수는 없다. 우리의 몸과 마음은 서로 유기적으로 연결되어 있다. 따라서 건강한 신체에서 건강한 아이디어가 나온다. 신체적으로 처져 있거나 또는 활기가 없게 느껴진다면 일어나서 몸을 움직이자. 규칙적이고 계획적으로 운동을 하자.

Recipe 99

양손잡이가
되자

사람에게는 성향이라는 것이 있다. 내성적인 사람이 있고, 외향적인 사람이 있다. 이성적인 사람이 있고 감성적인 사람이 있다. 일반적으로 창의적인 아이디어는 두 가지 모두를 활용하여 얻어진다. 미국의 심리학자 미하이 칙센트미하이는 창의적인 사람의 특징 중 하나가 양면성이라고 말한다. 이런 양면성을 활용할 때, 탁월한 아이디어가 나온다고 한다. 그가 제시하는 창의적인 사람에게 나타나는 열 가지 양면성은 다음과 같다.

① 창의적인 사람은 대단한 활력을 갖고 있으면서 또한 조용히 휴식을 취한다.

② 창의적인 사람은 명석하기도 하지만 한편으로 천진난만한 구석이 있다.

③ 창의적인 사람은 책임감과 무책임이 혼합된 모순적인 성향을 갖고 있다.

④ 창의적인 사람은 한편으로는 상상과 공상, 또 한편으로는 현실 인식 사이를 오고 간다.

⑤ 창의적인 사람은 외향성과 내향성이라는 상반된 성향을 함께 가지고 있다.

⑥ 창의적인 사람은 매우 겸손하면서 동시에 자존심이 강하다.

⑦ 창의적인 사람은 어느 정도 전형적인 성의 역할에서 벗어나 있다.

⑧ 창의적인 사람은 반항적이고 개혁적이면서 동시에 보수적이고 전통적인 성향을 가지고 있다.

⑨ 창의적인 사람은 자신의 일에 매우 열정적인 동시에 극히 객관적이 될 수 있다.

⑩ 창의적인 사람은 개방적이며 감성적인 성향으로 인해 종종 즐거움뿐 아니라 고통과 역경을 겪는다.

이렇듯 창의적인 사람은 서로 상반된 성향을 함께 가지고 있다. 때로는 내성적이었다가 경우에 따라서는 외향적인 성향을 드러내는 식으로 상황에 맞게 둘 모두를 사용한다. 중간에 애매하게 있는 것이 아니라, 양 극단을 오갈 수 있도록 조절하는 능력을 가지고 있다. 마치 오른손과 왼손을 모두 잘 사용하는 것처럼 말이다.

아이디어도 양면성을 가진다. 아이디어를 만들 때, 우리에게 필요한 양면적인 생각을 몇 가지 제시하면 다음과 같다. 먼저 생각의 요소를 기준으로 나눠보면 논리적인 생각과 직관적인 생각, 이성적인 생각과 감성적인 생각이 있다. 합리적이고 분석적으로 생각하면서도 직관적이고 감각적으로 생각해야 한다. 예를 들어 주식을 고를 때에는 그 회사에서 받는 직관적인 느낌도 중요하고 회사의 현황에 대한 합리적인 분석도 필요하다.

또 생각을 진행하는 방법으로 나눠보면 개념적인 생각과 구체적인 생각, 확산적인 생각과 수렴적인 생각이 있다. 어떤 문제를 생각할 때는 전체를 보며 개념적으로 생각하기도 하고, 작은 사안에 대한 구체적인 고민도 필요하다. 그리고 아이디어 발상의 기본적인 프로세스는 확산적인 생각과 수렴적인 생각의 2단계로 이루어진다. 여러 가지를 고려하며 다양하게 생각을 넓히는 확산적인 생각이 1단계라면, 그렇게 생각한 것을 현실적이고 상황에 맞게 정리하는 수렴적인 생각이 2단계다.

아이디어를 만들 때에는 여기에서 제시하는 양면성을 모두 잘 활용해야 한다. 이것을 다음 그림처럼 생각의 바퀴(thinking wheel)로 표현해보자.

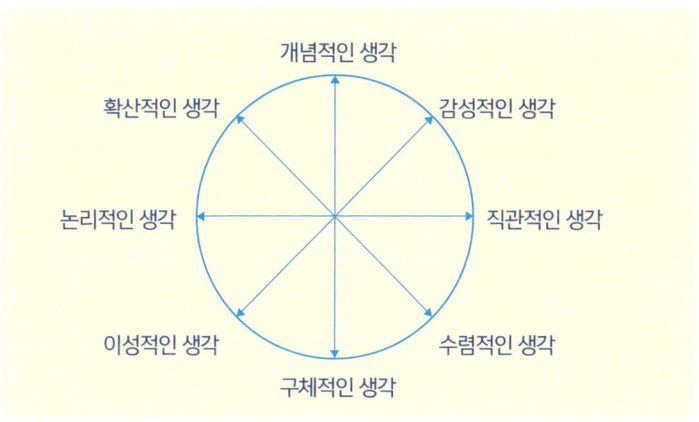

생각의 바퀴

바퀴살 하나가 부러지거나 찌그러지면 바퀴가 제대로 굴러갈 수 없다. 우리의 생각도 원활하게 잘 굴러가게 하기 위해서는 각 생각의 바퀴살 이 모두 튼튼하게 달려 있어야 한다. 마찬가지로 창의성의 바퀴(creativity wheel)도 만들어보자.

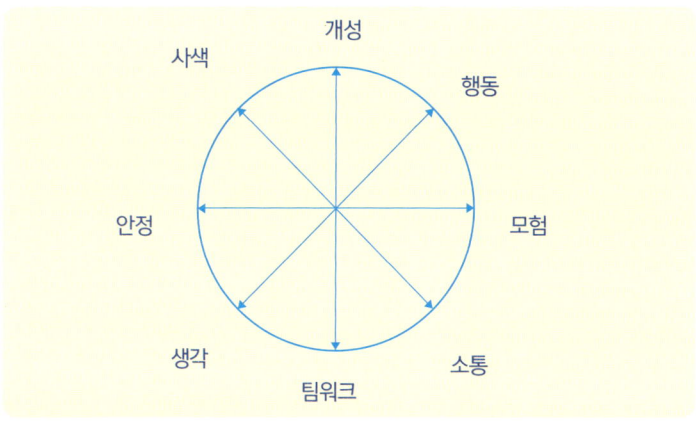

창의성의 바퀴

창의성도 서로 다른 양면적인 것을 둘 다 잘 사용할 때 발휘된다. 남과 다른 독특한 개성을 가지면서도 팀워크를 발휘하는 것, 혼자서 사색하는 시간을 가지면서도 다른 사람과 소통하며 생각을 공유하는 것, 모험을 추구하면서도 안정을 유지하는 것, 생각하고 행동하는 것, 모두가 필요하다. 생각의 바퀴가 잘 굴러가려면 각각의 바퀴살이 모두 튼튼해야 하는 것처럼, 창의성의 바퀴살도 튼튼하게 만들어 잘 굴려보자.

배짱을 갖고
특별한 아이디어를 만들자

아이디어에 대한 흔한 편견 중 하나는 아이디어 창출을 머리 쓰는 일로만 생각하는 것이다. 아이디어는 머리를 쓰는 것만으로 나오지 않는다. 때때로 배짱이 더 중요하다. 배짱과 용기는 특별한 아이디어가 떠올랐을 때, 그것을 실행하는 과정에서만 필요한 것이 아니다. 배짱과 용기가 없다면 처음부터 남과 다른 아이디어를 생각하지도 못한다. 그래서 독특한 아이디어를 만들고 싶다면 먼저 가슴을 펴고 크게 숨을 내쉬어보자. 큰소리도 쳐보고, 얼굴 표정도 자신감 있게 지어보자. 사례를 살펴보자.

2011년 3월에 일본에서 대지진이 일어났다. 대지진은 거대한 쓰나미를 만들었다. 지진이 발생했을 때, 당시 바다에서 조업을 하던 어부들에게 긴급한 연락이 왔다. 엄청난 쓰나미가 몰려오고 있으니 신속히 대피하라는 경고였다. 많은 어부들이 신속히 대피했다. 그런데 어떤 어부들은 육지로 대피하지 않고 오히려 수심이 깊은 바다로 나갔다고 한다. 수심이 깊은 바다에서는 해일이 높지 않기 때문에 항구로 가는 것보다 더 안전하다고 판단했기 때문이다. 그들의 판단은 적중했다. 엄청난 쓰나미는 항구까지 덮쳤고, 마을의 흔적을 지워버렸다. 항구로 피했던 배들은 엄청난 쓰나미의 위력에 장난감처럼 나뒹굴었다. 반면 더 먼 바다를 향해 수 킬로미터를 나아간 어부들은 멀리서 높은 해일이 항구와 마을을 집어삼키는 것을 눈으로 확인할 수 있었다. 그들은 후에 신문기자와의 인터뷰에서 "수심이 깊은 바다로 나가면 쓰나미는 높아지지 않는다는 옛 어른들의 이야기가 떠올랐다"고 말했다.

거대한 쓰나미가 몰려올 때에는 그것을 피해 도망가는 것이 상식이다. 쓰나미를 피하기 위해 오히려 쓰나미가 오는 방향으로 돌진하는 것은 역발상이다. 이렇게 상식과 반대로 가는 역발상으로 먼 바다로 나갔던 어부들은 무사할 수 있었다. 창의성을 발휘하는 사람들은 이렇게 상식과 반대편에 있는 것을 선택하는 역발상에 주목하라고 조언한다.

그런데 우리가 바다에서 조업을 하던 어부라고 상상해보자. 쓰나미가 오고 있다는 소식을 들었을 때, 당신은 먼 바다로 나가는 것이 오히려 더 안전하다는 것을 알지만 실제로 그럴 수 있겠는가? 항구로 돌아가지 않고 먼 바다로 나가야 한다는 판단은 머리를 쓰는 영역의 활동이다. 머리로는 그게 맞다는 것을 알아도 대부분의 사람들은 실제 상황에서 먼 바다로 가기 어렵다. 두려움을 이기고 배짱과 선택에 대한 확신이 있는 사람만이 먼 바다로 나갔을 것이다. 아이디어보다 더 중요한 것은 그것을 실행으로 옮기는 배짱이다. 그리고 그런 배짱이 없는 사람은 처음부터 "먼 바다로 나가면 오히려 더 안전할 수 있다"는 아이디어를 떠올리지 못한다.

아이디어는 눈에 보인다. 하지만 자신감을 가지고 배짱을 발휘하는 것은 눈에 잘 보이지 않는다. 그래서 독특한 아이디어를 만드는 것이 어렵게 느껴질 수밖에 없다. 눈에 보이는 것보다는 눈에 보이지 않는 것이 더 중요하다. 머리를 쓰는 것보다 더 중요한 것은 자신을 믿고 배짱을 발휘하는 것이다.

Recipe 101

일단
시작하자

아이디어를 만드는 가장 확실한 방법은 일단 생각을 시작하는 것이다. 좋은 방법을 배우고, 기술적인 노하우를 익히는 것보다 더 중요한 것이 일단 시작하는 것이다. '배우고 시작한다'가 아니라, '일단 하면서 필요한 것을 배운다'가 정답이다. 일단 시작해보자.

"발사! 조준!"

앞뒤가 맞지 않는 말이다. 총을 쏠 때에는 "조준을 하고 발사를 해야지, 어떻게 발사를 하고 조준을 하나?" 그런데 유명한 경영 컨설턴트인 톰 피터스의 전략은 '발사! 조준!'이다. 그는 상대가 나를 향해 총을 쏘지 못하도록 기선을 먼저 제압하기 위해 발사를 하고, 그런 다음 정확히 조준을 하여 다시 쏴야 한다고 지적한다. 그의 말에 공감한다.

일반적으로 사격 연습을 할 때는 '조준! 발사!'를 한다. 그러나 현실은 다르다. 총탄이 머리 위로 날아다니는 상황에서는 연습 때처럼 상대를 정확하게 조준할 수가 없다. 정확한 조준을 위해서는 일단 상대에게 무조건 총탄을 발사해서 상대가 총을 못 쏘게 만들어야 한다. 그래야 내가 총을 정확하게 조준하여 쏠 수 있는 기회가 생긴다. 다시 말하면 '조준! 발사!'는 연습 상황이고, 실전에서는 '발사! 조준! 그리고 다시 발사!'를 해야 한다.

조준이 준비하고 계획하는 것이라면 발사는 행동하는 것이다. 조준이 잘 배우고 학습하는 것이라면, 발사는 실행에 옮기는 것이다. 아이디어를 만들 때에도 실행이 중요하다. 망설여지고 어떻게 해야 할지 잘모를 때에는 뒤로 물러서고 싶고 나중으로 미루고 싶어진다. 그럴 때일단 생각을 시작하고 아이디어와 맞부딪치는 것이 필요하다.

'발사! 조준!'은 '뛰면서 생각하라'는 말을 떠오르게 한다. 현명하고 똑똑한 사람은 먼저 생각하고 어디로 뛰어야 할지를 정한 다음 뛰려고 한다. 하지만 정확한 분석이 어렵고 변화가 많은 상황에서는 생각이 너무 많으면 뛰지 못하고 머뭇거리다가 기회를 놓치기 십상이다. 그래서 '발사! 조준!'처럼, 일단 뛰면서 빠르게 실천하고 행동하면서 어디로 뛰어야 할지, 지금 가는 방향이 올바른지를 점검할 필요가 있다. 신속함과 스피드란 단어를 생각해봐도 '조준! 발사!'가 아닌 '발사! 조준!'이 맞다. 아이디어를 만들 때에도 마찬가지다. 일단 포스트잇이나 메모지에 생각을 적기도 하고, 옆 사람에게 생각을 말하기도 하면서 아이디어 발상을 시작하는 것이 중요하다.

우리가 배우는 것도 조준하고 발사하는 식이 아니라, 발사하고 조준하는 것을 따라가야 한다. 일반적으로 지식에는 암묵적 지식과 명시적 지식이 있다. 암묵적 지식은 우리가 일상생활을 하는 가운데 습득하는 지식이고, 명시적 지식은 교과서에 나오는 지식처럼 이미 확실하게 인정받은 지식이다. 둘 중 어떤 것이 우리에게 더 많은 기회를 줄까? 명시적인 지식은 누구나 아는 지식이고 일반적으로 과거의 지식이다. 거기에는 큰 기회가 없다. 나에게 진짜 기회를 주는 지식은 남이 가르쳐주지 않아도 내가 몸으로 체득하는 그런 지식이다. 주위에서 겨우 초등학교만 나온 아버지는 회사를 크게 성공시키는데, MBA 출신의 유학파 아들은 그렇지 못한 것을 보게 된다. MBA에서는 '조준! 발사!'를 배우지만, 현실에서는 '발사! 조준!'해야 하기 때문이다.

한 청년이 렘브란트에게 이런 질문을 했다고 한다.

"선생님처럼 위대한 그림을 그리려면 무엇을 준비해야 할까요?"

렘브란트는 주저하지 않고 이렇게 대답했다.

"지금 바로 붓을 잡으십시오."

더 철저한 준비를 위해 머뭇거리기보다는 일단 아이디어 발상을 시작하라는 의미로 '발사! 조준!'이라는 비유를 했다. 그런데 '발사! 조준!'은 실제 군대에서 적용되는 말이라고 한다. 요즘 전쟁은 군인이 총을 들고 쏘는 것보다 비행기나 잠수함 같은 곳에서 쏘는 미사일이 더 큰 비중을 차지한다. 예전에는 미사일을 쏠 때 '조준! 발사!' 했다고 한다. 요즘은 순서가 달라져서 '발사! 조준!' 한다고 한다. 미사일을 발사할 때는 조준의 의미가 없다. 일단 미사일을 발사한 후에 유도장치나 GPS를 이용하여 목표 지점을 찾아가기 때문이다. 이렇게 목표 지점을 찾아가는 것이 바로 조준이다.

아이디어를 만들고 싶으면 머뭇거리며 '더 필요한 것이 없을까?' 하고 주저하지 마라. 그냥 나에게 필요한 아이디어 발상을 시작해보자. 일단 생각을 시작하고 중간 과정에서 더 필요한 것이 있으면 그때 추가해도 된다. 중요한 것은 일단 시작하는 것이다.